世界十大科学家丛书

孟宪明 主编

法拉第传

蔡 耘 编著

河南文艺出版社
·郑州·

图书在版编目（CIP）数据

法拉第传/蔡耘编著. —郑州:河南文艺出版社,
2016.8(2020.7 重印)

（世界十大科学家丛书/孟宪明主编）

ISBN 978-7-5559-0397-0

Ⅰ.①法…　Ⅱ.①蔡…　Ⅲ.①法拉第,M.(1791—
1867)-传记　Ⅳ.①K835.616.1

中国版本图书馆 CIP 数据核字(2016)第 160047 号

出版发行　河南文艺出版社
本社地址　郑州市郑东新区祥盛街 27 号 C 座 5 楼
邮政编码　450018
承印单位　河南瑞之光印刷股份有限公司
经销单位　新华书店
纸张规格　890 毫米×1240 毫米　1/32
印　　张　5.75
字　　数　98 000
版　　次　2016 年 8 月第 1 版
印　　次　2020 年 7 月第 3 次印刷
定　　价　23.00 元

科学的呼唤

　　卫星遨游太空，飞船探测火星，光电通信，电脑联网，信息高速公路……当今世界，对科学的呼唤和追求比以往任何时代都显得重要和紧迫。

　　在我们这个有着五千年历史的文明古国，在以文取士、以诗显名的文化传统里，我们不缺少"床前明月光"和"春眠不觉晓"的优美意境，也不缺少"大江东去"的豪迈和"小桥流水"的幽静，我们所缺少的，恰恰是一种对科学生死挚爱和舍命追求的精神。传统和意识可以改变，但改变需要努力，需要全民意识的觉醒。因此，党中央才把学科学、用科学定为我们的基本国策，甚至不惜动员学部委员为大众撰写科普读物，并一再要求在学生的教科书中不断增加科学内容的比重。

　　我们这套丛书，为牛顿、爱因斯坦、居里夫人、伽利略、爱迪生、达尔文、诺贝尔、哥白尼、法拉第、莱特兄弟等世界著名科学家作传，既具体介绍他们彪炳千古的科学贡献，也形象叙述他们发明、发现活动的完成过程。我们不奢望孩子们现在就学会这些知识，如果他们能通过这套丛书了解并热爱这些科学家，我们也就感到由衷的满足了，因为热爱是最好的老师。

未来是属于孩子们的。

未来的大科学家就在你们中间。

主编　孟宪明

2016 年 6 月

目录

一

法拉第和所有出身贫寒的人一样，童年时经历了各种各样艰苦生活的磨难。不同的是，他把艰难困苦当成千载难逢的磨刀石，锻造了自己天生倔强的性格。

二

20岁，流金般的岁月，人生最宝贵的时光。生活在世界上的年轻人谁都有自己的追求，有的追逐名利，有的争夺地位。然而迈克尔·法拉第与众不同，这个订书匠出身的学徒工在20岁的时候追求的是比金子还宝贵的时间，向往的是能早一天跨进英国皇家学院的大门……

三

在社会里有两本书，一本是白纸黑字印成的书，一本是人生旅途这本无字书。法拉第进入皇家学院之前，首先读的是至今有很多青年人还没有读懂的人生旅途这本无字书。他从这本书里了解了人情冷暖，明确了终生奋斗的目标。

四

爱情不仅是一个美丽的字眼，而且还是事业成功的催化剂。一个成功的男人背后，必然有一个女人在做他的坚强后盾。法拉第仿佛与常人不一样，当爱神悄然向他走来的时候，他对爱情的态度是"声讨"二字，但丘比特之箭还是射中了这个年轻人的心。

五

人类向往光明，就像久居黑暗的人向往白天一样。人类在不知道电磁为何物的时候，对它像惧怕洪水猛兽一般。法拉第发现了电磁转动。他是人类历史上第一个利用电做功的人。从此，电与磁像一对孪生兄弟，肝胆相照，义不容辞地担负起了为人类服务的历史重任。

六

卡耐基这样说过：一个人的成功 15% 在他的能力智慧，85% 全在人际关系。法拉第做出了世界上第一个"马达"之后，受到了许多不公正的待遇。然而他以虚怀若谷的胸怀，真诚相待，终于赢得了举世公认的赞誉。

七

一个伟人，在历史的长河中留下了串串足迹，将成为他事业和生命的象征。随着岁月的流逝，足迹转化成一座丰碑，镶嵌在后人的心灵深处。法拉第对科学的贡献，活像一座不可磨灭的丰碑，永远激励着后人向科学攀登。

八

一项新的发现，往往引发一场科技革命。既是实验师又是自然哲学家的法拉第运用辩证思维的方法和实事求是的态度，发现了场的理论，实现了物理学上的又一次伟大革命。

九

科学无止境， 新理论层出不穷。 科学家需要两种精神： 一是远见卓识， 永不自满； 二是脚踏实地， 敢于攀登。 法拉第就是这样一位两种精神兼得的务实求真、 善于创新的科学家。

十

有一位哲人说得好： 平平淡淡才是真， 真真实实才是善。 法拉第就是这样一位平淡中见伟大、 真实中显才华的科学家。 因此， 人们永远记住了他的名字。

一

法拉第和所有出身贫寒的人一样， 童
年时经历了各种各样艰苦生活的磨难。 不
同的是， 他把艰难困苦当成千载难逢的磨
刀石， 锻造了自己天生倔强的性格。

1. 他和外祖父同叫一个名字

200 多年前的一个秋天， 驰名世界的泰晤士河从伦敦城外
流过， 欢快的河水在秋阳的映照下一路撒欢儿地昼夜奔流不
息。

在风光宜人的伦敦城南的萨里郡纽因顿镇上， 9 月 22
日， 对它来说是一个非常平凡的日子。 生活在这里的人们依
然像往日一样， 干着他们在秋天里应该忙碌的农活： 打场、
翻地、 播种、 收获……

唯独镇上一个铁匠铺里显得不同一般。 铺子的主人叫詹
姆斯·法拉第， 因为他的手工艺活有绝招， 因此远近闻名。
他们的活整天都干不完。

　　突然，一个稚气未脱的姑娘气喘吁吁地向铁匠铺跑去：
"爸爸，妈妈叫你，让你赶快回去，她快……"

　　还未待小姑娘把话说完，詹姆斯·法拉第就明白了：尽
管自己已经有了一个女儿和儿子，家里又要添一口吃饭的人
了。女儿是受妈妈委派来特意叫他回去的。

　　詹姆斯·法拉第拉着女儿的手，三步并作两步往自己家
里奔去。刚到家门口，"哇"的一声婴儿啼哭告诉詹姆
斯·法拉第，一个新的生命呱呱坠地，来到了人世间。

　　此时的詹姆斯又喜又忧。喜的是婴儿总算是平安地降生
了，忧的是家里又多了一口人吃饭，这无疑给家里增添了负
担。但此时此刻，尽管詹姆斯·法拉第又忧又喜，然而还
是喜多于忧。

　　只见他小心翼翼地跨进门槛，生怕把刚落地的婴儿惊动
了似的。詹姆斯来到妻子床前，首先映入眼帘的是农家出身
的妻子玛格丽特那张疲惫、苍白的面孔。

　　妻子向他笑了笑，又是一个男孩，并委婉地对他说：
一切平安。此时，詹姆斯悬在心上的一块石头才算落了地。

　　詹姆斯·法拉第爱子如命，立刻把目光从妻子的脸上转
向睡在妻子身边的儿子身上。

　　看着新生儿子那张毛茸茸的可爱的小脸，詹姆斯·法拉
第心里不由得升起一股柔情。铁匠终于举起了长满老茧的
手，不由自主地拍了拍自己宽阔的额头，会意地笑了。这

个盼望已久的小儿子平安出世，给他带来了新的企盼。

原来詹姆斯·法拉第住在约克郡乡下，是一个乡村铁匠。他平时待人和气，打制的铁器十分精巧，深得乡下父老乡亲的爱戴和喜欢。

记得在他 25 岁那年，上门提亲的很多，他唯独爱上了一个纯爱尔兰血统的姑娘。她的名字叫玛格丽特。

结婚不久，他听别人介绍说，伦敦城里城外马蹄嗒嗒，车轮滚滚，家家铁匠铺生意兴隆。凭詹姆斯·法拉第的人缘和娴熟的铁匠手工技艺，可以把事业做得兴旺发达，把日子过得红红火火。

詹姆斯·法拉第听了朋友的介绍，带着新娘玛格丽特，告别父母双亲，来到伦敦城南萨里郡纽因顿镇上。

开始，詹姆斯对前途充满幻想和希望，他相信自己能用勤劳的双手把生活安排得舒心愉快。谁知来到这里，生活和约克郡乡下没有两样。除了艰难，吃不饱，穿不暖，仍然是一无所有。

别看他作为一个铁匠天天都少不了和火打交道，然而他家却生不起火，揭不开锅。尤其是到了冬天，屋檐下挂着冰柱，窗户上结上了一层层冰花。一家人冻得像冰团，没有办法，只有围着厨房边的火炉，才能暖和暖和身子。

给刚出生的婴儿取个啥名字呢？詹姆斯·法拉第和妻子思前想后，终于达成了一致意见，为了让玛格丽特能经常想起自己的父亲对自己小时候的关照和厚爱，他们决定给儿子取名为迈克尔。这是为纪念外祖父——玛格丽特的父亲，因为他也叫迈克尔。

詹姆斯·法拉第在纽因顿镇上实在住不下去了，在迈克尔5岁的时候，举家迁到了伦敦城里曼彻斯特广场附近的一条小巷子里。

这户极为贫苦的人家住不起好房，只得在一幢楼的二层租了房子。一开门迎面而来的是一架摇摇晃晃的楼梯。沿着这架楼梯才能到院子里去。楼下是房东家的马车库。一天两次，每当马车进出楼房都会颤颤悠悠的，给人一种摇摇欲坠的感觉。

尽管这里的环境不算安静，但搬进来的詹姆斯·法拉第一家兴奋极了。这毕竟是他们在伦敦城里安的第一个家呀。迈克尔和哥哥、姐姐，以及刚出生的妹妹相处得十分融洽。家里主要靠父亲打铁为生，虽然条件艰苦，但他们整天有说有笑。

要说高兴嘛，恐怕要数迈克尔的母亲玛格丽特了。她特意从街上买来了鲜艳的印花布，用灵巧的双手做成了一幅十分精致的窗帘，挂到了临院子的窗口，顿时满屋生辉。

窗帘虽然好看，但它终究挡不住窗户外马的嘶鸣声、车夫的吆喝声，尤其是挡不住楼下牲口粪便发酵后那臭不可闻的酸气。这里的居住环境太恶劣了，然而对詹姆斯·法拉第来说，这是他又一个新家，一个在城市的家。

2. 非改掉伦敦土话不可

詹姆斯·法拉第是一个很开明的人，尽管自己身体不好，家里的经济十分拮据，但他爱孩子，想方设法让孩子读书，这是他的最大心愿。

那时英国的启蒙教育，老师特别注意教孩子说话。

老师重视教孩子说话的原因，不是让孩子生下来就会说话，而是想通过让孩子一进入校门就能学会 "正确" 说话。

当时的英国推崇这样一种时尚：想要当官，先必须学会拿腔拿调说话。在交往中，必须一律说上流社会通行的官方英语。假如不会说官方英语，休想找到一份上等的职业。要知道，一个人的语言习惯是生就的，要想换一种腔调说话，有时比学一门外国语言还困难得多。

迈克尔出生在伦敦南郊，长在伦敦城里，同样遇到了这样的困难。他生来巧舌如簧，但要他说起地道的官方英语来，就一筹莫展了。

有一天，上口语课的时候，女老师首先叫起了他："迈克尔，你念一下 '罗' 这个字。"

"沃！" 迈克尔重复地念了几遍。

"不，不是'沃'，是'罗'。"女老师念了一遍。

"沃！"迈克尔使出全身力气又念了一遍。

"你读你哥哥的名字：'罗——伯——特'！"

"沃——伯——特！"迈克尔不知所措地重复了一遍。

女老师见迈克尔几次把"罗"念成"沃"，表现出不高兴和不耐烦的样子。

突然，只见女老师把脸一沉，大声喊叫迈克尔："听着，跟我说，罗——伯——特。"

向来不服输的迈克尔，此刻像受了莫大的屈辱似的，泪水夺眶而出，头低了下来。

"迈克尔，你耳朵聋了吗？我要你跟我一起说'罗——伯——特'。"

迈克尔装着没有听到的样子，没作回答。顿时教室里鸦雀无声。此刻，女老师的脸上像布满了乌云，右手从上衣兜里摸出一枚硬币，朝迈克尔的哥哥罗伯特吼叫："罗伯特，你过来！"

罗伯特身不由己，慢腾腾地来到老师跟前一声不吭。

女老师气鼓鼓地把刚才掏出的那枚硬币，实际就是当时英国流行的货币半个便士，塞到他的手里，厉声甩出了一句："赶快去，到隔壁的杂货摊上买一根手杖来！"

"干什么用？"罗伯特以略带不满的声调反问道。

"不用问了，叫你买你就去买！"其实，罗伯特心里非常明白，因为自己的弟弟迈克尔说不清自己的名字，老师让他去买手杖是为了教训他弟弟。

与弟弟同甘共苦的罗伯特心里非常清楚，无论如何不能去办这种亲者痛、仇者快的事。罗伯特心里想着，假装朝教室门外走去。

一会儿，他停住了脚步，猛一回头，看了女老师一眼，表示出了不满的神情。一抬手，把那半个便士使劲地朝老师的方向扔去，二话没说，领着弟弟就跑回了家。

爱尔兰人是不屈不挠的。罗伯特和迈克尔的血管里流动着爱尔兰民族的血液，从小就养成了不甘受人欺负、干什么事情都不服输的倔强性格。回到家里，兄弟俩义愤填膺地向妈妈诉说了事情发生的经过，并发誓从今以后再也不去女老师教的学校读书了。

妈妈十分同情孩子的处境，向来不向人低三下四的母亲答应了他俩的请求。她四处奔波，费了九牛二虎之力，才把他俩转到了一所公立学校。其实，玛格丽特早就想把罗伯特兄弟俩转到这里，因为这儿学费比私立学校要便宜一些。从此以后，迈克尔下定决心，一定要在这里改掉伦敦土话。

3. 艰苦是意志的磨刀石

这个时候，迈克尔的妈妈又给他们生了一个小妹妹，也取名叫玛格丽特，已经两岁多了。每天，迈克尔放学回家，照料妹妹的任务就落到了他的头上。

迈克尔的母亲是一位十分节俭的人，每次到市场上去都是买回便宜货。往往为了半个便士讨价还价，这样才能买回够全家吃一顿、两顿的食物。这真够难为迈克尔的妈妈了。

生活的沉重担子压得玛格丽特直不起腰来。每次她从市场采购回来，迈克尔看到的都是那张愁苦的脸，那只空空的口袋。此时的迈克尔比谁都明白：肯定是今天市场上的面粉又涨价了，土豆又贵了。至于肉食品，对于他们来说，更是可望而不可即的东西。

詹姆斯的四个孩子越长越大。他本应该高兴，可是他的心一天天往下沉。一来因为自己的身体越来越不行，二来随着孩子们长大，生活负担越来越重。曾记得，他在乡下的时候，自己曾是一个铁打的硬汉，一天活干下来，仿佛算不了什么似的。眼下，可不行了。铁锤握在手里，他没抡几下，就感觉气都喘不过来。养家糊口的重担，逼着他必须干活，要不，全家人的生计就没有着落了。

繁重的体力劳动，詹姆斯·法拉第瘦得像皮包骨头似的。他常常闹病，身体虚弱得连走路都没有劲了。从此，他三天两头病倒。眼看铁匠铺无法再支撑下去了，最后不得不卖给人家。

妻子玛格丽特把这一切看在眼里，心里很不是滋味。尽管这样，她为了让丈夫能够安心养病，主动挑起照顾全家人的重担。

詹姆斯·法拉第心里明白，他暗暗地流泪，埋怨自己的身体不争气。每次看到妻子两手空空从街上赶集回来，看到骨瘦如柴的四个孩子，用期待的目光看着妻子时，他就心如刀绞。于是，他从床上挣扎着起来，支撑着带病的身躯跑到人家的铁匠铺去当帮工，挣几个钱。第二天，他又病倒了。

可想而知，一个女人和4个孩子全靠一个病人养活，这将是一个什么样的局面：他们除吃不饱穿不暖以外，连房租都交不起了。实在没有办法，詹姆斯·法拉第琢磨着不得不搬到别的地方去住。他只得向慈善机构求援了。这样，每星期詹姆斯·法拉第可以从慈善机构领到一份救济粮。其实，能分到迈克尔手里的只不过是一块面包。

这时的迈克尔已长到9岁了。一块面包，对一个活蹦乱跳的孩子来说，一餐就可以吃完，可是，这哪能够吃一周呢？

母亲为了让迈克尔能顺当地度过一周，她特意把面包切成14片，把迈克尔叫到眼前："好宝贝，从今天开始，每天早上吃一片，晚上吃一片，不要多吃，多吃了，其他天就没法过了。"妈妈说着，眼圈都红了。

懂事的迈克尔看了看妈妈，点了点头。他和所有穷困家庭出身的孩子一样，格外懂事。他明白：父亲、母亲、哥哥、姐姐，大家不都是这样过的吗？连小妹妹都能忍得住，自己咋能忍受不住呢？他向妈妈微笑着点了点头："妈妈，放心吧，我不会多吃的。"

好在这难熬的日子很快有了转机。此刻，罗伯特已经长到了 13 岁，可以当学徒了。按照当地的习惯，长子是要继承父业的。罗伯特到了一家铁匠铺子当学徒工。玛格丽特也长大了一些，妈妈又可以到有钱的人家去打零工了，从此家里又有了笑声。

几年过后，迈克尔也长到了 13 岁。于是，他离开了学校，像哥哥一样当学徒去了。不同的是，迈克尔学的不是铁匠。

一天，詹姆斯·法拉第领着迈克尔来到了布兰福特街拐角处里波先生的铺子里。

4. 淘气的小报童

200 多年前的英国，印刷出版业不像今天这样发达。书、报对大多数人来说还是一种奢侈品，只有有钱的人家才能买得起、看得起。

书籍是人类进步的阶梯。富人和穷人在生活中一样都离不开书。富人拿钱买书看，穷人只有租书看。

里波先生就是出于这种考虑， 让街道内所有的人都有书看， 都有报读， 于是在布兰福特街 2 号开办了一个书摊。报纸是他从报馆里租来的。 同时捎带销售书籍和文具， 并经营书籍装帧。

书摊一开， 生意渐渐红火起来。 好多人家都是一本书看了又看， 书的封面都磨破了， 有的竟成了散页才拿来装帧，以便把它传给儿孙们。 还有一些家庭， 先买的是一册册小薄本， 看完后为了便于保存， 也送到里波的书摊里来装帧。

那时的人们有一种习惯， 一般都是租报纸看， 每天租一次， 看一两小时即时还掉， 这样等于几家人合订了一份报纸， 便宜多了。

说来也巧， 里波开书摊租报的时候正值英国和法国拿破仑打仗， 人们关心前方的战事， 所以向里波先生租报看的人越来越多。 普通的人家租报看很方便， 由报童按一定路线按时送到租报人的家里。 此时， 里波正需要送报的报童。

詹姆斯·法拉第是里波的街坊邻居， 他早就认识迈克尔， 别看他长得瘦小， 但给人的印象是机灵懂事， 从小就讨人喜欢。 里波先生答应铁匠， 让迈克尔给他送一年报。要是孩子能完成任务， 一年以后， 就把他转成正式学徒。

铁匠家得到这个消息， 高兴极了。 迈克尔的心里像喝了蜜似的， 他庆幸自己终于可以自食其力了。

迈克尔从小就锻炼出了吃苦的性格。 他每天起早贪黑按照里波先生规定的送报路线在伦敦城里东奔西跑，按照钟点把别人租的报纸按时送到。

此时的迈克尔是最快活的，他把自己挣来的便士一个个地交给妈妈，终于看到妈妈的脸上绽开了笑容，当然更为自己能趁着送报的机会偷偷看看报而兴奋。尽管自己只有小学文化水平，报上有许多字不认识，自然有很多地点也不知道，但每当碰到这样的情况，他都牢牢地记下来，抄到一个小本上，以便随时找人请教。

别看迈克尔年龄小，但他做事麻利，守时守信，干起活来，总受到里波先生夸奖。迈克尔在与里波先生相处的日子里，经常可以看到这位长者，圆圆的略带肥胖的脸上总是挂着微笑。里波先生待迈克尔和蔼可亲。

迈克尔见里波先生特别喜欢他，也就经常地向他请教各种问题。他把偷读时记下的一些弄不懂的问题，例如什么叫哲学，为什么在哲学前面还要加"自然"两个字叫自然哲学，圣彼得堡在哪里，一股脑儿端了出来。

里波先生特别喜欢迈克尔这种酷爱学习、钻牛角尖的精神，他感到迈克尔和其他的报童不一样，什么都想问，什么都想知道。每次，他除了认真地回答迈克尔提出的问题以外，心里暗暗地为自己找到了这位称心如意的报童而庆幸。

淘气是孩子的天性，不过迈克尔的淘气与众不同。有一天，他把报纸送到一位租报人的家里，自己在花园里等候。

要是在平时，他总是趁人家看报的时候，自己也坐在大门外看书报。谁知今天的迈克尔却不一样了。

5. 生平第一次 "科学实验"

又是一个艳阳高照的日子，天公作美，花园里太阳照在人身上暖洋洋的，树上的小鸟叽叽喳喳地叫个不停。此时的迈克尔再也坐不住了，他顺着花园的护栏向前走去。动脑筋是迈克尔的习惯。正在他埋头向前走的时候，一棵大树挡住了他的去路。

这时迈克尔猛抬头一看，只见这棵大树树影婆娑，粗大的树干在铁栏杆上方弯一个大直角之后，歪到隔壁人家的花园里去了，在那里投下了一片大树荫。

善于思考的迈克尔此刻琢磨开了：这棵树的根到底在哪里呢？要说在这边吧，树枝树叶全在那边，连树荫、树上的小鸟也全在人家那边。但能说，这是隔壁人家的树吗？不能！原因是树根明明长在这家人家的花园里。

究竟如何把自己今天看到的这棵树给别人讲清楚呢？迈克尔越来越感觉到其中的奥妙。顿时，一种灵感从他脑海里闪过：这明摆着不也是一个 "自然哲学" 问题吗？此刻，他鼓足了勇气，13 岁的迈克尔怀着好奇，开始了他人生以来的第一次 "科学实验"。只见他把两个手臂从栏杆缝里伸过去，把头也从铁栏杆缝里钻了过去。

此刻，迈克尔下意识地感觉到，自己也仿佛成了一棵树，一棵特殊的大树，头在这边，脚在那边，不，脚在这边，头在那边。

到底在哪一边呢？迈克尔自己也不清楚了。

被"夹"在铁栏杆里的迈克尔思绪万千，他的大脑正在思考从报上看到的"自然哲学"所涉及的各种各样的问题。

正当迈克尔的思绪向前延伸的时候，一阵"吱嘎"的开门声把他惊醒。原来这是女用人看完报给迈克尔还报的声音。这时他才发现自己的狼狈样。

迈克尔为了不让女用人看到自己的淘气鬼样，猛一下把自己的头和手从铁栏杆缝里抽了回来。

说是不让女用人看到，但她还是偏偏看到了。他三步并作两步飞快地跑到大门口去接报纸。女用人惊叫了一声："乖乖，小报童迈克尔，你怎么了？"

原来迈克尔的鼻子在钻铁栏杆的时候不小心被碰破流血了。他笑了笑回答说："没什么！这是我第一次'实验'的收获。"

6. "书虫子" 的福音

一年的报童生活， 迈克尔养成了看书读报的习惯。 认识和了解迈克尔的人都喜欢叫他 "书虫子"。 里波先生见迈克尔手脚勤快， 干活麻利， 答应收他为徒， 七年师满。

按照当时英国有关行业不成文的规矩， 学徒期间， 不但没有工资， 反倒还要给老板付食宿费。 可里波先生见迈克尔忠诚老实， 踏实肯干， 破例不收迈克尔的食宿费。

从此， 迈克尔告别了父母， 把行李搬到了里波先生的书摊里， 开始了他的学徒生涯。

他住在店堂楼上的一间小阁楼里， 下面就是油印装订书报的地方。 每天一觉醒来， 一股浓浓的油墨味扑鼻而来。 迈克尔特别爱闻一般人都闻不惯的气味。 原来这是书的芳香气味。 他是一个嗜书如命的人。 书对迈克尔来说是极普通而又神圣的。 每天他走到工作台前， 总是深深地吸上一口， 然后才到里面的一间小房子里去， 开始他一天紧张的劳动。

书对迈克尔来说像甘霖一样宝贵。 书摊里各式各样的书应有尽有， 从 《一千零一夜》 到 《莎士比亚戏剧全集》《大英百科全书》， 令人目不暇接。

心灵手巧的迈克尔很快学会了书籍装订技术。 他装订书不仅快而且质量好， 没过多久， 他的手艺就赶上店里的老师傅了。 迈克尔再也不像当年自己送报时只能偷看报纸了， 而是可以随便看书了。 有时可以信手拈来， 随便翻阅。 这时迈克尔的感觉与从前完全不一样， 如果说他以前偷看报纸是一种猎奇的心理的话， 那么如今的迈克尔随便翻书是为了撩起智慧女神的面纱， 终于窥见了她那无比秀丽的脸庞。 迈克尔从猎奇到渐渐爱上这位智慧女神， 心里有说不出的高兴。他像一位拓荒者， 正在努力开垦那丰腴的知识处女地。 少年的迈克尔是最幸运的， 他万万没有想到自己在刚刚懂事的时候就碰到了像里波这样的好东家。 他暗暗地想： 要是换一个老板的话， 自己作为一个学徒， 去偷看书， 不守规矩， 那肯定是要挨打受骂的， 说不定早就卷铺盖滚蛋了。

里波是一个心肠特别好的人。 书摊是他的饭碗， 过去他是不容许学徒在劳动时偷看书的。 爱读书的人， 里波见得多了， 唯独没有见过像迈克尔这样嗜书如命的人。

忙碌了一天之后， 迈克尔从不让人催促， 他早就把订书用的铜尺、 切刀、 胶水这些工具收拾得利利索索。 有时他在干活时用的围裙、 袖套还没有顾得上脱掉， 就坐在工作台前看起书来了。

此时， 迈克尔活像一个贪婪的 "书虫子"， 正在一口口地 "吃书"， 每当读到好的句子时， 他立即抄录下来， 碰到好的插图就赶紧画下来。 下班了， 迈克尔留在书摊里，不知疲倦地读书的事深深地感动了里波先生。 一次， 里波先生劝说迈克尔下班，走近一看，迈克尔那一副模样把里波先生惊呆了。迈克尔皱起眉头一副沉思的样子，那张嘴微微地噘了起来，时而露出欣慰的微笑。里波先生看了之后顿生怜爱之情。

7. 入迷的迈克尔

迈克尔读书与一般的朋友不同，他除了好奇以外，尤其喜欢思索。有一天晚上，里波先生见迈克尔工作室里还亮着灯，猜得出他又是在聚精会神地读书。

果不出所料，当里波来到屋内，只见迈克尔正襟危坐在一本打开的书前出神。他一会儿伸出手指头比画，一会儿又把手指头点到嘴角自言自语。原来，迈克尔读的是《大英百科全书》和玛西特夫人写的《化学漫谈》。《大英百科全书》里讲的那些电的现象，玛西特夫人记载的那些化学实验迷住了迈克尔。

以前，迈克尔看书本上介绍过，拿一根玻璃棒在毛皮上摩擦几下拿起来，玻璃棒就能吸起纸屑。这就是电。

遇事喜欢问一个为什么的迈克尔亲自做过电的吸力的实验。可眼下他看到的不再是摩擦生电的故事，而是能把细微的电一点一点地储存起来，贮存到了一定的时候，电就会"啪"的一声放出一个火花。这情况像天上的雷鸣电闪一样壮观。这就是《大英百科全书》上记载的。对这种记载，迈克尔真是感到太有兴趣了。

这时，他还被玛西特夫人在《化学漫谈》书里介绍的情况吸引住了：只要把一块铜片和一块锌片泡在盐水中，就可以制造出一个伏打电池。此刻电将会源源不断地流动起来。把许多伏打电池串联起来就能把水分解成氢和氧这两种气体。如果把这两种气体重新聚合在一起，顿时又会发出"轰"的响声。读到这里，迈克尔深深地感到化学真是太神奇了。

积存在迈克尔心中的许多疑团终于解开了。细心认真的他，把书上讲的每个实验重新做了一遍，没想到《大英百科全书》、玛西特夫人的《化学漫谈》里所讲的那些神奇的现象都如期出现在迈克尔面前。可是，一个穷学徒，到哪儿弄钱来买药品、仪器，来做这些实验呢？

贫穷像一块顽石拦在迈克尔的面前。意志薄弱的人在这块顽石面前一筹莫展，然而贫穷不仅没有使迈克尔意志消沉，却使他更加坚强。在他看来，贫穷是苦难，欢乐又往往蕴含在苦难之中。

迈克尔的欢乐是追求科学，休息的时间，他跑到药房里去捡别人扔掉的小瓶子，花半个便士去买一些便宜的药品。此时，他一把抓起捡来的、买来的东西兴高采烈地回到自己的小阁楼里安装起来。一个小实验室诞生了。

有一天，迈克尔突然见到一个杂货铺里有大玻璃瓶子卖，中等大小的卖 1 便士，大的卖 6 便士，忽然，他眼前一亮，兴奋得差点喊出声来。原来他看到的这两个瓶子的大小正好同《大英百科全书》讲的贮电瓶和电机一样。假如能买到这两个瓶子，他就可以做出一套绝妙的电学实验仪器。

想着，迈克尔脑海里就有了自己的图样：架子做成正方形，轴安在中央。此刻，他正陶醉在自己的设计遐想中。他把手插到了裤袋里，真是太遗憾了：裤袋里只有 1 便士。当然这是他预料之中的事。

迈克尔用自己唯一的 1 便士买回了两个小瓶子，照着书上画的样子做了一个电机，可是结果不理想。原因很简单，容纳不下足够的电量。为了能买回那个大玻璃瓶，迈克尔不知熬过了多少星期才凑够了 6 便士。

大玻璃瓶买回来了，迈克尔心里特别高兴，独个儿躲在小阁楼里做起了电机和贮电瓶的实验。

迈克尔做的第一个实验叫电学实验。他先在玻璃瓶里外敷上锡箔。充电以后，果真"啪"的一声打出了一个细小的火花。这哪里是火花，这是雷电啊。此刻，迈克尔庆幸自己不仅认识了电，而且还亲自制造了一次"雷电"。

迈克尔做的第二个实验是把锌放在盐酸里，他在认真观察后发现，盐酸里果真放出了燃烧的气体。终于"噗"地一下燃烧起来，冒出了火苗。

实验成功了。迈克尔高兴得如痴如醉，手舞足蹈地唱着跳着，他忘记了自己在什么地方，也忘记了眼下已是午夜12点⋯⋯实验还在继续进行。

有一天，里波先生来到小阁楼里想看个究竟。他刚刚踏进门槛，就嗅到了一股难闻的气味。再看迈克尔的床底下、桌子上，到处摆放着横七竖八的各色各样的瓶子和罐子。

只见迈克尔在这不大的斗室里大显身手。他一会儿抓起一个小瓶子，一会儿抓起一个大瓶子。身子灵巧得像玩杂技似的，奇迹果真在他手里出现了，红的变蓝，蓝的变红，烟雾火花，响个不停。

里波先生虽然对迈克尔做的实验了解不多，然而有一点他弄明白了：迈克尔入迷着魔了。他那双明亮的眸子放射出奇异的光彩。一个应该贪玩的孩子，在还充满童真的岁月里，他忘记了玩耍。不信吗，你看他炯炯有神的双眼，充满了自信，这不正是他着魔科学又是什么呢？

8. 塔特姆先生讲演

时间过得飞快，迈克尔在里波先生的书摊里一干就是5年。现在已经不像刚来这里时那样孤苦伶仃，手下多了两个报童供他差遣。

　　然而，迈克尔·法拉第不轻易随便使唤别人，由于他干工作细致认真，因此书摊的许多工作里波先生还总喜欢让他去做。迈克尔·法拉第做得最多的工作，是把顾客送到书摊需要装订的书报装订好以后，又送回顾客家里去。

　　迈克尔·法拉第每次送书报经过大街都是来去匆匆，从未留恋那豪华的酒店，那摆设得琳琅满目的橱窗。然而今天，他行走在布满书店和报馆的舰队街上，他的眼睛突然被一张贴在橱窗里的广告吸引住了：

　　　　塔特姆先生，主讲自然哲学，每次收费 1 先令（英国过去的货币名称，1 先令等于 12 便士）。地点：多西特街 53 号。

　　顿时，迈克尔·法拉第停住了脚步，眼睛重新盯住了刚才那份广告：塔特姆先生，自然哲学讲演。此刻，他心里暖洋洋的，仿佛发现了金子一样，豁然开朗。

　　突然，他心里"咯噔"了一下，"每次收费 1 先令"这行字深深地刺疼了他的心，插在裤袋里的手攥紧了，下意识地感到口袋内空空的。

　　迈克尔·法拉第鼻子一酸，硬着头皮向前赶路。送完书回来，夜幕早已笼罩了大地。他胡乱地吃了一点饭，又回到自己的小阁楼里去了。

　　小阁楼屋顶是倾斜的， 窗户小得可怜， 里面又暗又冷。 然而， 迈克尔·法拉第只要一关上那扇门， 一种温暖的感觉油然而生。 他感到， 只有在这时， 他才算是有了自己的世界。 在这个世界里， 迈克尔·法拉第感到有他所追求的一切。 这里有他搜集制作的药品和仪器， 每当他从床底下、 桌子底下把那些小瓶子、 大瓶子搬出来， 他就会忘掉外部世界的一切， 陶醉在自己研究的科学之中。 可是， 今天晚上， 他觉得心里很不是滋味。 思维不由自主地又回到了白天看到的那则广告： 塔特姆先生， 主讲自然哲学， 每次收费 1 先令。

　　此刻， 迈克尔·法拉第像着了魔似的， 脑海里浮现出了一种情景： 自己仿佛坐在一个庄严的知识的殿堂里， 而且是坐在第一排的正中间， 正在听一位学者用一种奇妙的声音讲演……

　　可是， 等他把思绪拉回来的时候， 才发现自己依然待在小阁楼里。 这里除了他用零花钱买回来的一些瓶瓶罐罐以外， 其他什么也没有。 迈克尔·法拉第折算了一下， 这些东西值不了几个钱， 总共也就几便士， 还不够听塔特姆一次讲演的钱。 他感到懊丧了。

　　迈克尔·法拉第是理智的， 努力克制自己不要再去思索白天看到的那份广告的内容， 想继续做昨天晚上的实验。 当他拿起电机， 眼睛盯住记录实验结果的本子的时候， 心不在焉，想到的却是赶快凑够钱，争取早日听到塔特姆先生的讲演。

9. 哥哥伸出了援助之手

少年时代的迈克尔·法拉第最喜欢和哥哥罗伯特在一起玩耍，他心里有什么事总是先给哥哥说。

星期天，迈克尔·法拉第回到家里，和哥哥谈话的主要内容仍然是塔特姆先生的自然哲学讲演。他讲得活灵活现，有鼻子有眼。罗伯特打断迈克尔的讲述："这位博学多才的先生住在哪里？"

"住在多西特街。他的讲演就在他的客厅里举行。"迈克尔不假思索地说了出来。

"你去过几次？"

"我没有去过。"迈克尔回答。

罗伯特感到十分奇怪。他没有去听塔特姆先生的讲演，怎么表述得如此绘声绘色、头头是道呢？

从小就同迈克尔朝夕相处的罗伯特非常了解迈克尔的性格，他想干的事情是不达目的决不罢休的。罗伯特知道这是弟弟采取的一种激将的方法，他把塔特姆的讲演描述得津津有味，是想探明一下哥哥对他准备去听这位先生的讲演抱什么态度。

"你真想去听他的讲演吗？" 罗伯特问。

"当然想去。" 迈克尔说，"每次收费一先令太贵了。" 罗伯特明白了弟弟的意思。 眼下他手里没有钱， 所以才未去听塔特姆先生的讲演。

罗伯特知道弟弟的脾气。 他曾到里波先生的铺子里去过， 看到过迈克尔摆弄的那些电学仪器， 以及打出的噼噼啪啪的火花的时候他那欣喜若狂的样子。 他理解弟弟， 曾几次听弟弟说想探求自然哲学的奥秘。 眼下迈克尔手头确实没有钱， 要是有钱的话， 不用说每次一先令， 就是再贵一些，他也会去听塔特姆讲演的。

罗伯特从衣袋里摸出几个先令银币塞到迈克尔的手里："去吧， 迈克尔， 我有钱。""不， 哥哥， 我不去。" 迈克尔抓住哥哥粗大的手说， "我不能拿你的钱。"

兄弟俩谁也说不过谁。 最后， 订书匠出身的迈克尔当然拗不过铁匠出身的罗伯特。 迈克尔终于收下了哥哥给的钱。但不知为什么， 此时迈克尔心里显得特别沉重。 他心里十分明白： 哥哥罗伯特刚满师不久， 手里也确实没有多少钱。再说， 爸爸的病越来越厉害， 家里全仗着哥哥一个人挣钱养活了。 罗伯特的钱就是爸爸治病用的药、 妈妈和妹妹度日的面包， 迈克尔怎么忍心拿这些钱去实现自己非分的 "奢望"呢？ 想着想着， 一向倔强的迈克尔流下了辛酸的眼泪……

10. 福星照到了迈克尔的头上

迈克尔·法拉第拿着哥哥给的钱，征得里波先生的同意，终于来到了多西特街53号塔特姆先生的客厅，听自然哲学讲演。正像迈克尔·法拉第梦寐以求的那样，他坐在前排正中，聚精会神地听塔特姆先生讲演。只见他不停地记录着，把这位他仰慕已久的长者最精彩的语言全都写到了本子上，有时还把塔特姆先生用作实验的仪器也认认真真画了下来。

从1810年2月到1811年9月，一年半的时间里，迈克尔·法拉第一共听了十几次塔特姆先生的讲演。每次听完回来，他都认真地把听课笔记誊抄清楚装订起来，就像装订《大英百科全书》那样认真仔细，要知道，这是迈克尔·法拉第第一次装订由自己亲自记录整理的科学知识啊，这叫他怎能不喜悦呢！

一次，听塔特姆先生讲课之后，迈克尔·法拉第把自己记录、整理、装订的《塔特姆自然哲学讲演录》恭恭敬敬地送给里波先生。

里波先生庄重地接过迈克尔·法拉第递给他的这份礼物，从封皮、书脊和扉页到书写款式和装帧工艺，全都认真地检查了一遍，表现出了一种十分满意的神情。此刻，他抬起头来，正好和迈克尔·法拉第的目光相遇：“孩子，你已经长大成人了，你该……”

还未等里波先生把话说完，皇家学院的当斯先生夹着一些书跨进了里波先生的店堂，打断了他和迈克尔·法拉第的谈话。

当斯先生认识法拉第。里波先生手疾眼快，迅速把由迈克尔·法拉第自己记录、编排、装订的《塔特姆自然哲学讲演录》递给当斯。

当斯十分惊讶，尽管他以前多次来到里波的书摊，迈克尔·法拉第也多次为他装订过书籍，但今天这种惊讶中带着一种表扬的神情。他把迈克尔·法拉第装订的《塔特姆自然哲学讲演录》捧在手里，顿时，他对其中详尽的记录、精美的插图赞叹不已。

以前，当斯每次来书摊只停一下就走了。今天他有意地问迈克尔·法拉第，你想到皇家学院去吗？

这一突如其来的发问，真让迈克尔·法拉第不知怎么回答。

从心底来说，迈克尔·法拉第哪能不想去呢？他早就知道伦敦城里有一个出名的皇家学院，那里是人才济济的地方。

迈克尔·法拉第早就听说过，在这座闻名遐迩的英国皇家学院里有许多知名的教授，尤其是戴维教授的讲演棒极了。

一向细心、善于透过人的表情猜透人的心理活动的当斯先生，已经猜到了迈克尔·法拉第的心思。

"好，迈克尔，既然你对戴维教授的讲演那么感兴趣，那就大胆地去吧！"说着，当斯把四张到皇家学院听课的入场券塞到了迈克尔·法拉第的手里。

迈克尔双手接过，那双清澈透亮的大眼睛泛出了青春的光彩。当斯觉得自己仿佛看到了一个朝气蓬勃的青年追求真理的强烈的求知欲，看到了迈克尔·法拉第的希望和不懈的追求目标……

二

20 岁， 流金般的岁月， 人生最宝贵的时光。 生活在世界上的年轻人谁都有自己的追求， 有的追逐名利， 有的争夺地位。然而迈克尔·法拉第与众不同， 这个订书匠出身的学徒工在 20 岁的时候追求的是比金子还宝贵的时间， 向往的是能早一天跨进英国皇家学院的大门⋯⋯

1. 路在他的脚下延伸

6 年的学徒生活， 迈克尔·法拉第增长了许多见识。 他除了感谢里波先生对他各方面的关照外， 尤其不能忘怀当斯先生对他的器重和厚爱。

自从当斯先生赠给迈克尔·法拉第四张到皇家学院听讲演的门票以来， 他心里像一泓平静的湖水荡起了层层涟漪。

1812 年早春的一个晚上， 对迈克尔·法拉第来说， 是极不平常的日子。 在月朗星稀的夜晚， 夜阑人静的时刻， 迈克尔·法拉第思考着自己今后应该走的路， 思考着自己究竟怎样才能由一个孩子变成有作为的青年人。

此时， 他感到自己格外充实。 过了许多年以后， 迈克尔·法拉第还依然记得， 这是他终生难以忘怀的时刻……

2月29日， 那个盼望已久的夜晚终于来到了。 迈克尔·法拉第吃完晚饭， 换上了星期天去教堂才穿的干净衣服， 走出了他工作6年有余的里波先生的书摊。

2月的伦敦， 春寒料峭。 夜幕刚刚降临， 街上的行人就渐渐地稀少起来。 迈克尔·法拉第借着微弱的街灯在拐过几道弯之后， 终于来到了皮卡迪利广场。

这里是伦敦最繁华的地带， 车水马龙， 好一派热闹景象。 吆喝声、 叫卖声混杂其间， 可是迈克尔·法拉第没有心情光顾这些， 他像一个肩负着重大使命的使者一样匆匆穿过广场， 终于来到了艾伯马尔大街。

迈克尔·法拉第发现， 在前面有一幢灰白色的高楼， 这幢建筑物壮观极了， 正面14根高大的柱子像巨人般傲然挺立， 柱子上面的石檐上刻着 "英国皇家学院" 几个大字， 一下子映入了迈克尔·法拉第的眼帘。

此时， 迈克尔·法拉第的心怦怦地跳了起来。 本来从里波先生的书摊出来到这里要不了多少时间， 可是今天他却像经过千里跋涉以后才来到他做梦都想来的地方。 此刻， 他兴奋， 喜悦， 期待， 激动。 他仔细一看， 现在皇家学院的大门紧闭着。 说实在的， 他恨不得一下子插翅飞进皇家学院里面去。

是的， 迈克尔·法拉第哪能不兴奋呢？ 这六年来， 他节衣缩食省下来的每一个便士都花在买那些瓶瓶罐罐和听塔特姆的讲演上去了。 他全部的青春和力量， 全部投入他最喜欢的科学里去了。 十几年来， 迈克尔·法拉第一直坚持这样做， 不是为了图虚名， 而是为了追求科学真理。

十几年来， 他在追求科学的道路上艰难地爬行着， 从来没有松懈过。 眼下他看到了神圣的科学殿堂正在向他招手， 他怎能不激动呢？

可是， 皇家学院的大门还在紧闭着。 迈克尔·法拉第来得太早了， 讲演要在半个小时以后才能开始。 于是他便在大街上来回踱步， 积雪在他的脚下发出嘎吱声。 此刻， 他的心情是急躁的， 然而又是充满着憧憬的⋯⋯

2. 心中的偶像——戴维教授

戴维出生在英格兰西南角一个叫彭赞斯的地方， 他的父亲是一个木雕艺人。 戴维十几岁的时候， 父亲就去世了， 是靠勤劳善良的妈妈把他抚养大的。

戴维从小聪敏过人， 他和法拉第一样， 也是学徒出身， 不过学的是药剂师行当。 这是外公和母亲给他安排的生活道路。戴维却有自己的想法，从自己开始当学徒的那一天起，他就给自己定了一个学习计划。里面开列有数不清的学习科目。光是语言就有 7 门——英文、法文、拉丁文、希腊文、意大利文、西班牙文和希伯来文。当时，才十几岁的戴维，定了这样一个庞大的学习计划，由此可见，戴维是不甘心在家乡当一辈子药剂师的。

戴维最感兴趣的是化学，他自己悄悄地研究化学，决定长大后成为一名化学家。戴维研究化学首先是从研究光和热的现象开始的，只花了几个月的时间就提出了自己的独特见解。他发现用冰互相摩擦，能融化冰，为热运动理论提供了有力的证据。

一天，戴维把自己的发现写信寄给了布里斯托尔的名医贝多斯教授。教授看到了戴维的实验结论，十分折服，于是在自己创办克利夫顿气体疗养院的时候，邀请戴维出任气体疗养院院长。当时他不满 20 岁。

当时戴维做的第一个实验是：继续实验英国著名化学家普里斯特里（1733—1804）发现的名叫"脱燃素氮气"的一氧化碳气体的存在。他拿自己的身体做实验。在试验中，戴维发现吸了这种气体之后会不由自主地发笑。

有一次，戴维做实验时，刚好牙龈浮肿，疼得难受。他猛吸了三口这种"笑气"（笑气在医药上被当成麻醉剂使用，是美国牙医威尔斯在 1844 年首创的，和戴维的发现相隔 40 多年），突然，自己感到胸部震颤，手脚抖动，在咯咯发笑的同时，牙龈一点也不疼痛了。

"笑气"实验使戴维声名大振。克利夫顿气体疗养院的天地太小了。他终于被介绍到了伦敦。1801 年 2 月，他来到了英国皇家学院的所在地——艾伯马尔街 21 号。

当时掌握英国皇家学会实权的理事会秘书伦福德伯爵想起来了，早就有人向他推荐过戴维。他用十分友好的态度欢迎这个刚满 22 岁同时还带有点乡下气的毛头小伙子。他个子不高，但身材匀称，动作机敏，真诚坦率，很讨人喜欢。

为了检验戴维的水平，他安排戴维做一次试讲。

只见年轻气盛的戴维从容不迫地走上讲台。伦福德伯爵双目微闭，但是戴维一开讲，就把伯爵吸引住了。他讲话的语速比较快，然而用词准确精当。他的每次讲课如果能记录下来，那就是一篇十分精彩的文章。伦福德伯爵越听越高兴。戴维刚一讲完，伯爵喜不自胜地站了起来，对一起来听试讲的人说："皇家学院的一切统统应该归他调遣。"

从此，戴维先被任命为皇家学院助理化学讲师，兼任实验室主任和出版部助理。后来他又得到了皇家学会会长兼皇家学院院长约瑟夫·班克斯爵士的器重，跻身英国科学界的巨子之列。

1802 年 5 月，繁花似锦，对戴维来说，是他终生难忘的日子，23 岁的他被任命为皇家学院化学教授。之后，他像一颗耀眼的明星，迅速升起。1803 年，不到 25 岁的戴维就当选为皇家学会会员，两年之后，又获得了英国皇家学会的最高荣誉——柯普莱奖。

戴维到皇家学院不久，伦福德伯爵就去法国巴黎定居了。此时的戴维实际成了皇家学院的灵魂。由于他的努力，皇家学院成了英国的科学中心。如今他才 33 岁，已经赢得了崇高的国际声誉。他对氯气的研究，他所发现的钠、钾都给科学界留下了深刻的印象。

法拉第从报纸上、书上以及别人的谈话中知道戴维是一个了不起的人物，法拉第敬佩他。他为什么把戴维当成心目中崇拜的偶像，法拉第在以后的回忆中曾谈到过这件事：戴维同样出身卑微，没有受过正规教育，但他靠勤奋和天赋取得了举世公认的成绩，这是自己永远值得学习和效仿的。

3. 夜晚的梦是最甜美的

迈克尔·法拉第从沉思中猛醒过来，恨不得立刻见到他心目中的偶像——戴维教授。

说来也凑巧，正在迈克尔·法拉第低着头在艾伯马尔街来回踱步的时候，忽然从远处传来了嗒嗒的马蹄声。不一会儿，从马车上走下来一位头戴黑色礼帽、身穿黑色礼服的年轻人。倏然，皇家学院那扇沉重的大门打开了。这时，也

　　跟随来了一些听讲的人。 有坐车来的， 也有步行来的； 有年轻的， 也有年长的。

　　迈克尔·法拉第这时不禁低下了头， 猛然发现自己单薄的呢裤子已磨出了经纬线。 此刻， 他再也顾不得自己是什么模样的打扮， 深深地吸了一口气， 掏出门票， 跟在听讲人的后面， 第一次走进了皇家学院的讲演大厅。

　　装饰豪华的大厅使迈克尔·法拉第目不暇接， 但他无心欣赏这里的景致， 急于想找一个地方坐下。 正在他不知往哪儿走的时候， 迈克尔·法拉第忽然听到有人在叫他的名字。 他定睛一看， 原来是当斯先生。 当斯先生早就在这儿等候他了。

　　在当斯先生的带领下， 迈克尔·法拉第在讲演大厅的第七排中间找了一个合适的位置， 坐了下来。 他座位前面有一个过道， 前面还有栏杆。 坐在这里居高临下， 既看得清楚， 又便于做笔记。

　　此时， 迈克尔·法拉第的心情又急又紧张。 他当时既像等待演员出场的观众， 又像准备登场和观众见面的演员。 最后， 迈克尔·法拉第还是安静下来了： 只见他伸展了一下身子， 想坐得舒服些， 又伸了伸手臂， 耐心地等待着他盼望已久的戴维教授的出场。 戴维教授终于出现了， 大厅里爆发出阵阵掌声。 戴维教授迈着轻快的步子来到马蹄形的大讲台旁边， 向大家频频点头， 以示谢意。 他向前又迈了两步， 终于站到了马蹄形讲台的中央， 向大家微笑了一下， 大厅里顿时安静下来。

他今天讲演的主题是发热发光的物质。戴维讲得那样的轻松自如。只见他神采奕奕，勤奋、天才、智慧的火焰似乎正从他身上向外辐射。迈克尔·法拉第听得入迷了，一动也不动，随即他又马上清醒过来，连忙打开笔记本，飞快地记录着，翻过了一页又一页。

这个夜晚，对迈克尔·法拉第来说，犹如做甜蜜的美梦一样，一辈子也忘不了。他不仅见到了自己渴望已久、崇拜已久的偶像——戴维教授，而且从他的讲演中开阔了思维，学到了知识。遗憾的是，戴维讲得太短暂了，他只讲了一个小时。

迈克尔·法拉第从美丽的梦境中醒来，恨不得再回到梦境里去。梦醒了，就再也不会重现了。可是法拉第是幸运的，他的"梦"以后经常重复地出现，从此以后他曾两次、三次、四次……听过戴维教授的讲演。

4月9日，迈克尔·法拉第和往常一样，来得格外早，他仍旧坐在自己原来的位置上。今天戴维讲授的是他自己发明用电解的方法制造两种奇妙的金属：一种是钠，另一种是钾。只见戴维用一把小镊子，从一个装着油的玻璃瓶里夹出一粒黄豆大的银灰色的东西。他说："大家一定认为，金属都是沉甸甸的，但是请看这粒东西，它就是一种新的金属，我们把它叫作钾，比水还轻。"

戴维把那粒黄豆般大小的金属举起来给大家看了一下，然后把它轻轻地放在一个玻璃水缸里。顿时，只听见"噗"的一声响，水面立即冒出了一小团美丽的蓝紫色的火焰。那粒银灰色的钾缩成了一个圆球，带着那团火焰在水面上飞快地直打转。随着一阵轻微嗞嗞声，圆球渐渐变小，转眼就消失了，这时水面又恢复了平静。听众在惊讶、赞叹。法拉第在飞快地写着。他记下了戴维实验的全过程，同时还画下来了戴维所用的全部仪器。

当时，戴维已经声名大振了。就在这次讲演的前一天，他从摄政王手里接过爵士的绶带和证书。他已经成为戴维爵士了。这时，戴维已和伟大的物理学家、经典力学的奠基者牛顿（1643—1727）一样，用自己的科学成就为自己赢得了贵族的称号。追求进取的戴维当即做出了这样的决定：从今以后，再也不在皇家学院作通俗化学讲演了。他下决心到巴黎去，把更多的时间和精力投入创造性的科学研究工作中去。尽管戴维的决定还没有来得及正式向公众宣布，但消息不胫而走。听众已经知道：今天戴维教授第一次以爵士身份在皇家学院的大厅作讲演，同时这也将成为他向热衷于自己的听众的告别演说。

戴维自己也有些激动。他不时看看过道上面正对着他的那座大钟。迈克尔·法拉第和戴维的视线或许相遇过几次，又匆匆地离开了。戴维看着那座大钟，法拉第看着马蹄形大讲桌前的戴维， 他不停地写着， 画着， 写着， 画着。

4. 时间比金子还宝贵

迈克尔·法拉第每次听完戴维教授的讲演， 都信心倍增， 暗暗地下定决心， 要像戴维教授那样从事科学研究。

可眼下的境况实在使迈克尔·法拉第无法像戴维那样行事。 他回到了布兰福特街 2 号。 小阁楼里依旧是铜尺、 墨水、 裁纸刀、 纸面、 布面、 小牛皮面……这些曾经与他朝夕相处的伙伴今天再也引不起他的兴趣了。 听完戴维教授的讲演， 仿佛在美丽、 圣洁、 庄严的科学殿堂里遨游一般， 他心里暖洋洋的。

此刻， 迈克尔·法拉第深感自己活像一颗埋在地底下的种子， 尽管上面还压着一块石头， 但他深知这块石头是挡不住他的成长的。 他仿佛从石缝中见到了缕缕阳光， 他将向着太阳生长。

研究科学需要时间， 然而现在， 他的青春、 生命完全消磨在书籍装帧里去了。

怎么办? 最简单的办法是直接向戴维教授求援。 此时的戴维教授已离开伦敦去巴黎了。

天无绝人之路。 此刻， 迈克尔·法拉第想起了皇家学会会长兼学院院长的约瑟夫·班克斯爵士。 法拉第拿起笔开始给约瑟夫·班克斯爵士写信。在信中，他谈到了自己的经历和爱好，表达了自己的理想和希望，并恳切地向约瑟夫·班克斯爵士请求到皇家学院来工作，不管干什么都行。

迈克尔·法拉第把信揣在怀里，再一次来到了艾伯马尔街21号。大门依然紧闭着，但旁边有一个侧门。别人告诉他，班克斯爵士就在那里面。正当迈克尔·法拉第准备举手敲门时，他又犹豫了，感到这样做太冒失了。

此刻，千头万绪涌上心头。他想起了这些年来的努力和艰辛，想起了妈妈和罗伯特对他的帮助，想起了里波先生对自己的关照。他想得更多的是，这些年来通过点点滴滴的学习积累，在黑暗中摸索前进，现在，前面应该是光明境地了。可遗憾的是，他的父亲在两年前去世了。这无疑是对迈克尔·法拉第最沉重的打击，但他没有动摇追求科学的信心和勇气。

想到这里，迈克尔·法拉第终于鼓足了勇气去敲班克斯爵士的大门。门开了，出来一位年老的仆人。他用势利的目光打量了一番穿着寒酸的迈克尔·法拉第："年轻人，有何贵干？"他郑重地把早已准备好的信交给了老仆人。老仆人又把年轻人打量了一番，门又关上了。

往后的日子里，迈克尔·法拉第在里波先生书摊的店堂里心神不安。在那些日子里，只要外面过来一个人，他都暗暗自问："可能是送班克斯院长的来信吧！"可是，每次他都很失望。

又过了一段时间， 迈克尔·法拉第再也等不及了， 心想莫不是班克斯院长没有回信的习惯， 信得自己去取？ 迈克尔·法拉第再一次来到艾伯马尔街。 不过， 这次仆人没有出来， 只是把门开了一条小缝： "约瑟夫·班克斯院长说， 你的信不用回了。" 一说完把门又关上了。

"皇家学院的大门真的关上了吗？ " 迈克尔·法拉第不服气地反问自己， "难道我一辈子注定要做订书匠吗？ " 一向不屈从命运的迈克尔·法拉第决定做一个与自己命运抗争的人。 不过， 这种抗争需要时间。 眼下迈克尔·法拉第希望得到的是时间， 一种比金子还要宝贵的时间， 有了时间， 自己一定能够掌握命运的主动权。

5. 一份最难得的见面礼

按照与里波先生签订的合同， 到了 1812 年 10 月， 迈克尔·法拉第就满师了， 眼下他成了名副其实的师傅了。 在那个时候， 师傅的待遇是不一样的， 他可以回家住， 还可以到别人家或应聘到别的店去干活。

戴维教授来到巴黎， 是和新婚宴尔的妻子度蜜月的， 同时还继续做实验。 眼下他做的是一种新实验， 一种由他首先发现的氮和氯的化合物的实验， 这是一种容易爆炸的液体。

戴维教授做这种实验，既有成功的喜悦，也有发生爆炸的失败教训。现在戴维教授又回到了皇家学院。

迈克尔·法拉第得到这个消息已经是 12 月份了。他赶紧给戴维教授写了一封信，同时还把自己整理、装订十分精美的戴维讲演记录一起送到了皇家学院。

戴维教授收到这封信的时候，已经是圣诞节前夕了。当时他的眼睛因实验爆炸带来的伤还没有好，看东西还很吃力。记得那天早晨皇家学院的仆役给他送书信的时候，他突然看见一本装订精美的四开本的大书，书脊上印着几个烫金的大字："亨·戴维爵士讲演录"。戴维觉得奇怪，自己从来没有出版过什么讲演录，从哪里来的这么一本书？

戴维情不自禁地翻看迈克尔·法拉第整理的讲演稿，顿时，他兴奋极了。自己的 4 次讲演加在一起才 4 个多小时，迈克尔·法拉第却整理成了 380 多页。讲过的内容，他全记了，没有讲到的内容，他全补充上了。娟秀的书法，精美的插图，严肃认真，一丝不苟。这中间融入了多少爱戴、敬仰和信任！戴维心想，这著作的作者不应该是自己，而应该是迈克尔·法拉第。这位法拉第是谁呢？这里有一封信。戴维的眼睛还在隐隐作痛。本来医生禁止他看书读报，但他还是把这封信从头至尾一口气看完了。

此时，戴维被感动了，勾起了自己对往事的回忆。十几年前，自己不也是像眼下的法拉第一样吗？出身低微，贫穷，屈辱，没有受过充分的教育，命运安排他当了3年学徒。想到这里，戴维仿佛看到了自己的过去，自己的影子。戴维对法拉第产生了怜悯之心。

戴维从法拉第赠给自己的《亨·戴维爵士讲演录》——一份最珍贵的礼物中，看到了法拉第的崇高追求和坦荡胸怀。他从迈克尔·法拉第记录、整理、誊抄、装订的技术看到了他那有条不紊、严密细致的工作作风。戴维十分懂得，迈克尔·法拉第这种良好的习惯和作风一定会在未来的科学研究中发挥意想不到的作用。

6. 一封最珍贵的信

戴维想给法拉第寻找一个机会。

当天晚上皇家学院的戴维教授给法拉第写了一封信：

先生，承蒙寄来的大作，读后不胜愉快，它展示了你巨大的热情、记忆力和专心致志的精神。最近我不得不离开伦敦，到1月底才能回来。到那时我将在你方便的时候见你。

我很乐意为你效劳。我希望这是我力所能及的事。先生，我是你顺从谦恭的仆人。

亨·戴维

戴维发表过许多科学论文，也写过不少诗篇，然而这封朴素的短信也许是他最伟大的作品。这封信语言朴实无华，但爱才如命的高贵品质在这封信里得到了最充分的体现。假如这件最"伟大的作品"能在当天晚上送到法拉第手里，可以猜想得出这对迈克尔·法拉第来说将是一件多么美妙的圣诞礼物啊！

1813 年 1 月末的一天，对迈克尔·法拉第来说，是终生难以忘怀的日子，他和戴维教授终于要相见了。地点在皇家学院的大讲演厅的前厅。

说实在的，此时迈克尔·法拉第的心怦怦地跳个不停。门开了，迈克尔·法拉第无限敬仰的戴维教授迈着轻快的步子走进来了，他一眼就认出了法拉第。

法拉第迈着犹豫的脚步坐在戴维身旁。和一位伟大的学者肩并肩地坐在一起，这使法拉第激动，可是这位学者又这样和蔼，消除了他忐忑不安的心情。

"法拉第先生，你整理的笔记给我留下了深刻的印象。"戴维说，"很显然，我讲的你全都听懂了。你从哪里学到这么多化学知识？"

"我在书摊里做装订工作。"法拉第腼腆地说，"自己看了一些书。我还听过塔特姆先生的讲演。另外，我还在自己家里搞了一个小实验室，我能够做到的，都亲自动手做一遍。"

戴维认真地听法拉第的自我介绍，频频点头称道。

"法拉第先生，我能帮你什么忙呢？这样吧，将来我的书都交给你装订，皇家学会、皇家学院的书也尽量给你装订。"

法拉第直截了当地回答："戴维教授，别看我是订书匠出身，不过我对装订书籍已不感兴趣了。我的最大愿望是争取到皇家学院来工作，不管干什么工作都可以。"说完，法拉第的脸有点红了。

"年轻人，你也许弄错了。牛顿说过，科学是个很厉害的女主人，对于为她献身的人，只给予很少的报酬，她不仅吝啬，有时还很凶狠呢！你看，我为她效劳十几年，她给我的就是这样的奖赏。"戴维把自己手上、脸上的伤痕指给法拉第看。

"这个我不怕。"法拉第说，"我的愿望是争取早一天到皇家学院来工作。"

戴维被法拉第倔强的性格感动了，他深深地敬佩迈克尔·法拉第追求真理、献身科学的高尚品质。

然而遗憾又一次降临迈克尔·法拉第的头上，皇家学院暂时还没有职位，迈克尔只有耐心等待了。

7. 皇家学院的大门向他打开了

应该说，迈克尔·法拉第是幸运的。正当他日夜盼望到皇家学院工作的时候，发生的一件事情终于使迈克尔·法拉第的愿望有了转机。

事情是这样的。戴维的实验助手佩恩和皇家学院制造玻璃仪器的师傅发生了口角。他毫无礼貌地把师傅打得鼻青脸肿。戴维调查了事情发生的经过后，当即决定解雇这位脾气暴躁的助手。3月1日，皇家学院理事会的议事录上有以下记录：

> 戴维教授有幸通知本理事会，他已经物色到了一个愿意接替佩恩职务的人。他的名字是迈克尔·法拉第，这是一个22岁的青年。根据戴维的观察和了解，他是这项职务的合适人选。他作风正派，积极肯干，热情和善，聪慧机敏。在佩恩先生离职的时候，这个青年愿意按照同样的待遇在本院工作。
>
> 决议：把佩恩先生的职务授予迈克尔·法拉第，待遇照旧。

几天之后的一个夜晚，月朗星稀，法拉第正准备休息，忽然听到楼下有人急促地向他的住地走来。 迈克尔·法拉第把头伸出窗外， 他一眼就认出了戴维常坐的那驾马车。

此时， 法拉第急忙向楼下奔去， 车夫递给他一封信， 是戴维教授亲自写给他的。

迈克尔·法拉第打开信封一看， 原来是戴维教授请他去皇家学院上班的通知。

信的后面还注明了迈克尔·法拉第的待遇： 周薪 25 先令， 外加皇家学院顶楼上的两间住房。

此刻， 迈克尔·法拉第脸上第一次露出了灿烂的笑容。 庆幸皇家学院这座科学圣殿的大门终于向他敞开了。 他将在这里献身科学， 为生命插上腾飞的翅膀。

三

　　在社会里有两本书，一本是白纸黑字印成的书，一本是人生旅途这本无字书。法拉第进入皇家学院之前，首先读的是至今有很多青年人还没有读懂的人生旅途这本无字书。他从这本书里了解了人情冷暖，明确了终生奋斗的目标。

1. 梦想成真

　　从戴维爵士亲自把皇家学院理事会的决议派车夫送到迈克尔·法拉第手里，多少天来，法拉第一直生活在憧憬之中。他不仅庆幸自己在认识戴维爵士之后，得到他的如此信任，而且还为戴维爵士能以博大的胸怀，对待他像父辈帮助自己的子女一样，解决遇到的任何问题而感到十分的荣幸。

　　眼下，迈克尔·法拉第最盼望的是能早一天和戴维爵士生活在一起，向这位当代化学泰斗学习。

　　这一天终于来到了。正当戴维爵士准备去整个欧洲讲学的时候， 他的听差突然决定不陪他去了。

此时， 戴维爵士自然首先想到了一个人， 这个人就是迈克尔·法拉第。 戴维想让迈克尔·法拉第当他的侍从、 听差。 这次他去国外旅游， 除带妻子玩玩以外， 更重要的是他还要做许多化学实验。 为此， 他带了一箱化学实验仪器。他想一路上边游玩， 边做实验。 一方面可以休息疗养， 一方面可以不间断地进行着自己从事的有关研究。

迈克尔·法拉第听到这个消息， 从心里感到高兴。 对于他来说， 这是连做梦都想不到的极好机会。 此刻， 迈克尔·法拉第想了很多很多。 这个订书匠出身的青年人眼前出现了一片五彩世界： 他深深感到戴维教授邀请他一同到国外旅游， 是一个千载难逢的机会。 他不仅可以开阔视野， 学习外国语言， 而且作为戴维教授的助手， 他将可能见到欧洲各国的第一流学者， 亲自了解世界各国的科学发展情况， 这等于自己上了一次大学—— 一般人想上而不可能上的最好的大学。

秋天， 金风送爽。 在经过一番精心的准备和安排之后，戴维教授和他的妻子以及法拉第出发了。

2. 每天的太阳都是鲜活的

他们壮游欧洲的第一站是法国。 1813 年的英、 法两国正处在战争状态，拿破仑把在法国国土上的英国人统统当作不受欢迎的人拘留起来。这是一个十分不友好的举动。当时作为英国科学界代表人物的戴维教授，竟然把旅游的第一站选定为法国，实在叫人担心和不敢相信。然而出乎意料，拿破仑——这位从炮兵学校毕业、军官出身的法国皇帝特别批准了戴维教授一行入境，后人猜测，这可能与他一向以科学保护人自居有关吧。

此次旅行，对于迈克尔·法拉第来说，一切都是全新的。展现在他面前的是一个复杂多变的偌大一个世界，深奥无比，需要敏锐的观察力去认识它，了解它。何况，眼下他是以一个科学家的助手的身份来到这里的，可以想象得到，此刻他是何等的喜悦和兴奋。迈克尔·法拉第从小就立志当一名科学家。作为科学家，观察、认识世界是他的第一能力。使命要求他必须学会细微观察，冷静分析，客观记录。于是迈克尔·法拉第作为戴维教授的助手游欧洲的第一件事就是用心去写观察日记。

秋高气爽，每天的太阳都是鲜活的。今天早晨开始了我生活的新纪元。在我的记忆里，过去我从来没有离开伦敦十一英里以上……在目前这个时刻，到一个敌对的国家去，这真是奇特的冒险……可是好奇心本来就常常要招致这样巨大的危险。

迈克尔·法拉第一行三人坐着戴维教授的马车走了两天，来到普利茅斯港。他们把马车装上船，横渡英吉利海峡，到法国的莫尔列登陆。一路上，他们经受了盘问、等待、检查之苦，最后终于重新坐上了戴维的马车向巴黎前进。

一路上，细心的迈克尔·法拉第除照顾戴维夫妇以外，对海关的拖延、旅馆的饮食以及沿途的景色，都在日记中作了详细的记载。他记下了法国马车夫穿的过膝的长筒靴，记下了和马车跑得一样快的猎狗似的法国小猪。最值得一提的是，他记下了一天晚上在田野里见到的一种萤火虫，他还以为这是他自己的新发现呢！

10 月 29 日，他们终于到达了渴望已久的目的地——巴黎。他的日记上是这样记载的：

> 我到了这里，再没有比这更不幸、更叫人生气的了。我住在巴黎的中心。宽阔的街道，车水马龙，霓虹灯扑朔迷离，真有一种异国他乡的韵味。

看来，迈克尔·法拉第有些想家了。这最终没有妨碍他对身边事物的观察：

> 在住房的内部装修上，玻璃和大理石这两种美丽的

材料，法国人比英国人用得多。总之，法国人住房华丽，英国人住房舒适。法国人住房精雕细琢，英国人住房洁静素雅。法国人住房是给人看的，英国人住房是让人享受的。

迈克尔·法拉第随着戴维去参观罗浮宫。被柯勒律治称为有可能成为"当代第一大诗人"的戴维爵士面对无数艺术珍品，却无动于衷，只是发表了一句感想："这些画框多么精美，真是少有。这些油画多么精美，真是少见。"然而迈克尔·法拉第却感触良多。这里珍藏的艺术品，举世无双，令人赞叹不已。

一晃，戴维爵士和迈克尔·法拉第来到巴黎近一个月了。这一段时间，法拉第的主要任务是接触社会，了解社会。

11月3日清晨，戴维告诉法拉第，今天有两位长者来拜访他，让法拉第猜猜是谁。

法拉第猜不出来。

不一会儿，戴维给法拉第说的那两位长者如期到来了。他们是大名鼎鼎的安培教授和化家学、物理学家盖·吕萨克。

双方在相互介绍之后，迈克尔·法拉第只见他们从身上掏出一种紫黑色的东西，亮晶晶的像金属，但分明又不是金属。

化学家盖·吕萨克介绍说，这是两年前由法国化学家库尔图瓦研究海藻时提炼出来的物质。这种物质加热的时候会冒出一种紫色的气体，像氯气一样刺鼻，而且带有氯气的性质。难道这里面含有氯吗？库尔图瓦、盖·吕萨克等法国科学家对这种神秘的物质进行了研究，但一直未能弄清它的成分是什么。

一种神秘的物质，冒出的是一种神秘的气体，而且是紫黑色的——那是帝王的颜色呀！谁也说不清楚它到底是什么东西，这是一个多么需要人去攻破、解开的科学之谜呀！

夜深了，戴维翻来覆去睡不着。他起身相邀法拉第，一起来研究这种神秘的物质。法拉第兴奋极了。要知道，法拉第陪戴维来巴黎是以助手的身份出现的。能够对一个至今世界上还不知道它是什么的物质进行研究，这是他的莫大幸运。

系统研究开始了。白天他们蹲在实验室里，晚上挑灯夜战。没过几天结论出来了：这种神秘的紫黑色晶体冒出来的紫色气体，就是它自身的蒸气。它虽然有氯气的性质，但并不是因为它含有氯，而是因为它本身也是一种元素，而且这种新元素和氯是属于同一类的。

为了证实自己的研究结论，12 月 1 日，戴维带领法拉第用时兴的鉴别化合物和单质的最好办法——电解法，对安培带来的这种物质进行了化验检测。结果证明：安培带来的这种物质不能电解，它是一种实实在在的单质物质。从此，一种新的元素诞生了。戴维给它取了一个名字叫"碘"（"碘"字在希腊文中就是紫色的意思）。

从碘的发现中，法拉第受到了启迪。他写下了这样的日记：

在司空见惯的、大家非常了解的物质中，居然发现了新的元素，这对于现代化学家勤于探索的头脑，无疑是一种刺激。这证明，即使在公认的已经完全了解的科学部门中，科学也还是处在不完善的状态。

碘的证明和命名过程，让法拉第从中受到了激励。这是他有生以来第一次亲身参与伟大的科学发现。

原来，一种新的元素，一门新的科学，在戴维头脑里就是这样产生的。法拉第暗暗地想，科学研究，探索宇宙奥秘已不是遥遥无期了。

眼前，法拉第深深感到戴维教授就是自己学习的榜样。戴维的胆略和干劲深深地印在法拉第的脑海里，他决心向戴维学习，在科学的试验田里不畏劳苦，辛勤耕耘。

3. 拜访伽利略创立的科学院

作为科学家，他的莫大幸福就是向世人宣布他的发明成果。戴维把亮晶晶的紫黑色的东西，通过实验证明它是单质碘的时候，他想抢先宣布自己的发现。因为他懂得时间比金子还宝贵。提前一分钟让世界尤其是让科学界知道他的发明，就意味着他将永远成为科学界不朽的人物。

这时，戴维给法国的动物学家、古生物学家及比较解剖学的创始人居维叶写了一封信，阐明了他与助手法拉第发现碘的观点。不久，这封信在巴黎科学院宣读了。接着，戴维爵士又把自己的实验报告连同助手法拉第的观察日记寄回到了伦敦皇家学会，报告上签署的日期是 1813 年 12 月 10 日，也就是他们用电解的办法最后鉴定碘是单质的前一天。

消息飞一样在欧洲科学界传开了——戴维爵士发现了一种新的单质元素碘。要知道，这也是一个了不起的发现啊！得到这个消息，法国同行被激怒了。他们认为碘是他们发现的，荣誉应归功于他们。特别是对这种紫黑色亮晶晶的神秘的物质进行了研究，但一直弄不清楚它的成分是什么东西的化学家盖·吕萨克心里极度不平衡。他万万没有想到，自己为研究这种物质做了那么多的工作，眼看就要成功的时候，却突然听到有人宣布——碘已经被鉴定和发现出来了。而且发现者不是别人，正是他们去拜访的客人戴维爵士。盖·吕萨克认为，在发现碘的过程中，戴维爵士只做了百分之一的工作，不应该享百分之百的荣誉。

当然，对于盖·吕萨克的认识，英国人也有自己的看法。然而不管怎么说，戴维爵士一行在法国巴黎已成为不受欢迎的人了。连著名的物理学家安培也遭到了非议，责怪他不该把紫黑色亮晶晶的样品送给戴维。

1813年12月29日，戴维教授一行坐着自己的大马车不得不离开巴黎。

此刻，他们的心情虽然是沉重的，但从内心来说是充满喜悦的。对同一件事情，各人有各人的看法，何况对一项科学发现呢？

在离开巴黎以前，戴维和迈克尔·法拉第一行来到了风景秀丽的名叫枫丹白露的森林公园，这里有古城堡遗址和皇宫等建筑，雄伟壮观极了。戴维爵士写诗描述这里美丽的景色。迈克尔·法拉第也用朴实的散文抒发自己法国之行的喜悦。

经过了近两个月的奔波，到了1814年2月21日这一天，戴维和迈克尔·法拉第通过里昂，然后再往南行，抵达濒临地中海的蒙彼利埃，然后经过尼斯，翻过了欧洲的名山阿尔卑斯山，终于艰辛地来到了意大利的国土。

在意大利，他们的主要任务仍然放在做科学实验上。一次，戴维爵士发现市场上的小摊正在卖从地中海捉来的电鳗。他好奇地买来了电鳗，立刻想起用实验来证明这样一件事实：电鳗身上的动物电也许和伏打电一样也能使水溶解。实验结果证明，电鳗身上的动物电太微弱了。戴维的实验失败了。

然而，法拉第的心是热烘烘的，他了解自己的老师戴维教授。科学实验是不可能一次取得成功的，这已是被无数科学家证明了的事实。

3月10日，他们来到了意大利的古城、人类文明的发源地——佛罗伦萨。他们参观浏览的第一个景点，就是17世纪意大利著名的物理学家、天文学家伽利略创立的科学院。此时，迈克尔·法拉第出人意料地兴奋，他怀着极大的兴趣观看了伽利略亲手制作的望远镜，试验了取名为托斯卡纳大公巨大的凸透镜。

这天，风和日丽，阳光明媚。迈克尔·法拉第好奇地把这块硕大无比的凸透镜对着太阳，太阳光就会自动地聚在焦点上，在很短的时间内能把焦点的物品燃烧起来。

戴维别出心裁，指挥着法拉第拿来一块金刚石做实验。放在这块凸透镜下的金刚石被点燃了，罩在玻璃罩里的金刚石发出了蓝紫色的火苗，足足燃烧了4分钟。

"金刚石到哪里去了呢？"法拉第暗暗地问自己，"金刚石消失得无影无踪了，为什么玻璃罩还空空荡荡地留在那儿？"

玻璃罩里原来装的是氧气，现在是什么呢？经过分析，氧气变成了二氧化碳。这证明，金刚石是由碳为主要成分组成的。难怪人们常说：高贵莫如钻石，下贱不过煤炭。一个璀璨夺目，一个乌黑发亮，原来它们是同一种元素组成的。法拉第认真仔细地记录了这次实验的全部过程和现象，深深感到，科学实验是奥妙无穷的。在奥妙无穷的科学实验中，细致的观察是进行科学实验的起点。依靠仪器分析，然后确定物质的性质，从而进行正确的判断，这是科学研究最基本的方法。这也许是他与戴维教授欧洲之行的最大体会和收获吧！

4. 探险的乐趣就在于它有危险

科学研究和探险大有异曲同工之妙。一个科学家如果没有探险精神，是很难相信他在科学研究的道路上大有作为的。

1814 年 5 月，戴维和法拉第一行在完成了对意大利历史名城——罗马参观游览后，来到了欧洲唯一的活火山，位于那不勒斯市的维苏威火山口考察。

这是法拉第有生以来第一次见到的场面，这个从小就好奇的青年人今天决定看个究竟，只见火山口热气升腾，烟雾缭绕。戴维脚下踩着过去滚滚熔岩凝固成的火山石，向法拉第侃侃而谈。戴维教授博学多识，他对火山成因的独特理解像一把开启科学大门的钥匙，正在打开法拉第的思想大门。

年过花甲的戴维感到累了，决定自己先静下心来休息一会儿。此时，迈克尔·法拉第兴致正浓。他从戴维教授的奇特理论和自己目睹的火山口中雄奇景色中仿佛悟出了什么道理。

法拉第掏出日记本，迅速地记下了今天所观察到的一切，接着独自一人前往火山口去拾取火山岩石标本。

风向转了，先是西北风，倏地转成了东南风。刹那间，滚滚的烟雾席卷着火热的熔岩和石块向法拉第扑来。要不是他反应灵敏、迅速躲开的话，真险些丧命。过了很长时间，法拉第才走到戴维的身边。此时的法拉第已经完全变了个模样，浑身上下布满了火山灰，脸黑黑的。全身除了他那双机灵睿智的眼睛还在放射出光芒外，活像一个泥人。戴维差点儿认不出自己的助手了。

看着如此模样的法拉第，戴维没有埋怨，相反称赞起自己的助手来："迈克尔，今天你有什么感想？"

法拉第脱口而出："今天是我最快乐的一天，探险的乐趣就在于它有危险。"戴维听后会意地笑了。要知道，一向严谨认真的戴维教授对法拉第是很少露出笑脸的。法拉第明白，戴维对他灿烂的微笑是对自己做他的科学研究助手工作的一种认可。 迈克尔·法拉第是一个不达目的誓不罢休的青年人。 那天因为突然刮大风， 到火山口捡火山石的计划落了空。 又是一个星期天的下午， 法拉第又一次登上了维苏威火山。 这次他是来观赏火山口中雄奇的夜景的。 他仍然和前次一样， 借着火山喷出的亮光， 迅速地记下了火山在夜间喷发的夜景： 火山口像一条仰卧的巨龙， 桀骜不驯， 蕴藏在肚里的能量化作一股巨大的火苗向苍天喷去……

这个夜晚， 法拉第惬意极了。 他在山坡上野餐， 他充分利用刚刚喷发出来的火山石烤仔鸡， 煮鸡蛋……此刻， 他仿佛找到了作为一位科学家的感觉， 这种感觉， 就是猎奇， 不循规蹈矩。 有了这种感觉， 或许就能为自己向科学进军奠定基础。

5. 听差的苦恼

迈克尔·法拉第跟随着老师戴维教授在一起做实验充满了欢乐。 在崎岖的山路上， 马车走不动了， 法拉第和戴维一起走下来并肩而行。 有时， 他们顶风冒雪， 搜集当地池塘里冒出来的沼气， 到了晚上就打开实验设备， 一起分析这种可燃气体的化学成分。

在与戴维相处的日子里， 法拉第感觉到了他的老师戴维教授的思想特别活跃， 满脑子新主意和新计划。

在欧洲有一种惯例， 当一个人被晋升为爵士以后， 他的身份跟着变化， 变成了贵族。 当戴维的身份由科学家变成贵族的时候， 应该说法拉第的身份也随之改变。 不过， 法拉第没有变成小贵族， 而是变成了戴维教授的听差。 每当戴维教授闲暇外出垂钓、 狩猎时， 法拉第也不得不身背着钓鱼竿、 猎枪跟在戴维的身后， 像仆人跟在主人后面一样。

戴维爵士在离开伦敦前往欧洲旅行的时候， 已与迈克尔·法拉第商量好了， 只是临时让迈克尔·法拉第打打杂， 到巴黎以后再找一个听差。 谁知， 当他们来到巴黎时， 连一个英国人的影子都找不到。 尽管愿为戴维当听差的法国人很多， 由于不会讲英语， 所以戴维教授一个也没有看中， 到头来戴维教授再也不提给自己找听差的事了！ 此时的法拉第对戴维来说， 临时帮忙变成了长期任务， 助手成了名副其实的听差。

戴维没有按自己许给迈克尔·法拉第的诺言办事， 主要是因为忙， 对这种小事情， 他常常抛在脑后。 戴维对于自己的食言从内心感到内疚。 因此， 他在吩咐迈克尔·法拉第做事的时候， 态度总是和蔼可亲， 和主人对待仆人说话完全两样。

此时的法拉第替戴维教授打杂干活， 扮演着两种角色， 一是科学研究的助手， 二是听差。 给戴维当科学研究的助手， 这是法拉第盼望已久的。 为戴维当听差， 法拉第尽管有一种不适应的感觉，但他时刻能把握住自己。他从心里记住了戴维对自己有恩，假如不是戴维的举荐和信任，迈克尔·法拉第也许仍然在走街串巷，继续做他的订书匠呢！

尤其让他不能忘的是，这次他与戴维壮游欧洲。迈克尔·法拉第从戴维身上发现了许多闪光的东西。戴维的头脑是一座取之不尽、用之不竭的知识宝库，他对科学的执着追求及其实事求是的态度够迈克尔·法拉第学一辈子了。

戴维夫人是一位娇小的黑头发、黑眼睛的美人儿。由于出身在豪门贵族之家，享受惯了，动不动就想使唤迈克尔·法拉第。

一次，迈克尔·法拉第正忙着做实验，戴维夫人又在发号施令了：

"法拉第，赶快把戴维的大衣拿出去刷刷，爵士今天晚上要出去做客。"

法拉第正忙着做他的实验，装着没有听见的样子，一声不应。戴维夫人扯开了嗓门："法拉第先生，你听见了没有？赶快把戴维爵士的大衣拿到外面去刷一刷。"

法拉第继续装着没有听见的样子，只管自己做实验。戴维夫人看法拉第一点儿动静也没有，气鼓鼓地来到戴维跟前，状告法拉第这小子目中无人，叫他做事，竟连回答都不回答。

对法拉第，戴维应该说是最了解的，这个年轻人生来一副倔强的性格，不大喜欢别人使唤他。戴维更了解自己的妻子，她爱使唤法拉第干这干那。此刻，作为戴维教授来说真可谓进退两难了。在助手迈克尔·法拉第与夫人之间，戴维只能以和事佬的角色出现，他劝夫人说："那个实验是我安排他去做的，很重要，等会儿去刷大衣也不晚。"

戴维袒护法拉第，更加激起了夫人对法拉第的不满。

戴维夫人鄙视法拉第，善于克制自己感情的法拉第也以轻蔑回击。每次戴维夫人强迫法拉第去做这弄那，法拉第总是以沉默作为回答。真没想到，这位盛气凌人的夫人在碰了几次钉子之后，加上丈夫又不给她壮胆撑腰，不得已收敛了自己以为了不起的气势。但有一点，戴维夫人一直不肯让步——不准法拉第和她同桌吃饭。一路上，每到开饭的时候，法拉第的位置总是同戴维夫人的侍女和车夫排在一起。其实这对法拉第来说没有什么，他从小就不习惯和上流社会那一套虚情假意的繁文缛节打交道。他倒认为能和自己地位差不多的人在一起吃饭，倒还自在一些。

一些仗义执言的人却看不惯这些。一次，法拉第陪戴维教授在日内瓦附近的一个大森林里打猎。戴维爵士走在前头。瑞士化学家、物理学家德拉里弗认为身背猎枪的法拉第是爵士的听差，后来两人用法语攀谈，法拉第对答如流，他才知道法拉第的身份，对法拉第油然而生敬意。

在与法拉第交谈中，德拉里弗不仅看到法拉第对于各国科学界当前正在研究的问题了如指掌，而且还能提出他的独到见解。

德拉里弗见法拉第的法语说得如此流利，便问他在哪儿学的法语。当迈克尔·法拉第告诉德拉里弗教授，是在法国旅行时才学的，教授顿时惊愕了。

"迈克尔·法拉第，你原本是做什么工作的？怎么来替戴维教授当听差？"

迈克尔·法拉第一时不知从哪儿讲起。停了一会儿，他坦诚地把自己的曲折经历告诉了德拉里弗教授。

作为接待戴维爵士的主人，德拉里弗教授为法拉第眼前的处境鸣不平。他不忍心看到法拉第这样有才华的人去完成听差的任务，当然更不愿让他接受和侍女、车夫一样的待遇。

回到家里，德拉里弗教授立即吩咐自己的用人在晚餐桌上多放了一副刀叉。在这位教授的眼里，法拉第是科学工作者，进出当然应当和主人及其宾客同桌吃饭，这是天经地义的。

戴维夫人得知了这一消息，在房间里对戴维大发脾气，说她坚决不同法拉第同桌吃饭。如果硬要这样做，她就把自己锁在房子里，不去吃晚饭，以示抗议。

戴维看来一下子说服不了夫人，只好亲自去给主人说明情由。德拉里弗的态度很坚决，说前两天因为不了解法拉第的身份，因此那样做了安排。从今天开始，再不能让他与侍女、 车夫一起用餐了。

德拉里弗教授与戴维夫人各执己见, 最后双方都进行了让步: 迈克尔·法拉第既不和主人戴维夫妇同桌吃饭, 也不与仆人在一起吃饭, 主人特意为他专门做一份饭菜, 安排用人送到他住的房间里去。

这件不愉快的事情, 反倒提高了法拉第的地位。 迈克尔·法拉第在给其他朋友和家人写信的时候, 从来不提这件不愉快的事情。 法拉第给第一个写信的就是里波先生, 字里行间流露出他对德拉里弗这位长者的由衷感谢和信赖。

6. 母亲是他最尊敬的人

戴维教授带着助手法拉第在欧洲大陆旅游整整两年时间。这两年是天翻地覆的两年, 拿破仑帝国日趋没落。 1814 年 4 月, 拿破仑不得不宣布退位, 被流放到了意大利的厄尔巴岛上。 可是不到一年时间, 拿破仑东山再起, 从厄尔巴岛逃回法国。 1815 年 5 月 7 日, 迈克尔·法拉第在日记中写下了这样一段话:

> 我听到消息说波拿巴 (拿破仑姓波拿巴, 退位以后, 一般称呼他的姓) 又获得了自由。 我不是搞政治的, 并不为这件事情多操心, 然而在我看来, 它将对

欧洲的事情产生强烈的影响。

迈克尔·法拉第写这段话的言外之意是，他对这件事表面上不操多少心，实际上他有自己的看法。

从小追求科学，法拉第一心思索的是如何能找一块安静的地方，能搁下一张实验桌子，让他能集中精力地进行科学研究就行了。

当时戴维爵士一行正在那不勒斯旅行。当他们回到罗马的时候，战争已经迫在眉睫。拿破仑手下的大将缪拉正进军罗马。当时罗马街头乱成一团，教皇仓皇出逃，城里满街跑的都是逃难的人。动荡局势迫使戴维一行不得不突然决定结束这次旅行，立即启程返回英国。

风尘仆仆的戴维爵士一行驾着自己的大马车翻过阿尔卑斯山，穿过德意志和荷兰，来到比利时，4月16日，法拉第从比利时首都布鲁塞尔给母亲玛格丽特写了一封信：

我最亲爱的母亲：

这是我从国外给您写的最后一封信，不胜愉快。我告诉您一个好消息，我将在3天之内返回我的祖国——英国。希望您听到这个消息的时候能和我一样愉快。啊！希望在您读这封信以前，我已经踏上了英国国土……

这是迈克尔·法拉第给母亲写的最短的，但对他来说是最亲切的一封信。

几天以后，法拉第回到了他亲爱的祖国，回到了他亲爱的母亲身边。

四

爱情不仅是一个美丽的字眼，而且还
是事业成功的催化剂。一个成功的男人背
后，必然有一个女人在做他的坚强后盾。
法拉第仿佛与常人不一样，当爱神悄然向
他走来的时候，他对爱情的态度是"声
讨"二字，但丘比特之箭还是射中了这个
年轻人的心。

1. 论文刊出一发不可收

迈克尔·法拉第回到了盼望已久的皇家学院，别说有多
么高兴。眼下，直接领导他的是戴维教授化学讲座的继承
人、英国著名的化学家布兰德教授。眼下，法拉第是布兰
德教授实验室的助手兼矿物标本管理员及仪器设备总管。薪
水也从每周的 25 先令增加到 30 先令，几个月后又增加到每
年 100 镑（按当时的英国币制，每镑合 20 先令，每先令合
12 便士，年薪 100 镑相当于周薪 38 先令。一般职位比较低

的职工薪水按周计算， 比较高的职位论年计算）。 法拉第在这里从事的工作， 既是实验助手， 又是独立的研究人员。从洗瓶子、 吹玻璃管到独立完成研究任务并写出研究报告，只要是和科学研究有关系的事情， 他都要一干到底。

实践造就了迈克尔·法拉第。 1816 年， 风华正茂的法拉第刚满 25 岁， 他在布兰德教授主编的 《科学季刊》 上发表了第一篇科学论文。 其实这是一篇简短的实验报告。 报告的内容是分析戴维教授在欧洲旅行时带回来的一种石灰石所含的成分。

编完这篇实验报告， 布兰德喜形于色。 他发现这个没有受过正规教育的年轻人， 不仅做起实验来心灵手巧， 而且写起论文来也有板有眼， 于是就让法拉第做一些 《科学季刊》的编辑工作。

在与法拉第相处的日子里， 布兰德担心给法拉第工作多了， 会给他造成心理压力和负担。 没想到， 这个小伙子工作越多， 干劲越大， 兴致越高。 从早到晚他都待在实验室里， 经常是为做一个实验， 挑灯夜战， 通宵达旦。

辛勤的劳动结出了丰硕的果实。 1817 年， 法拉第发表了6 篇科学论文， 1818 年发表了 11 篇。 这些研究工作大都是应戴维、 布兰德教授及皇家学院的其他科学家要求做的， 内容侧重在化学分析方面， 并没有引起多少人的注意。 然而它涉及的研究内容是极其广泛的： 这里有安息香酸性质的研究，也有棕榈酸成分的分析。这些研究报告的发表，对于一个科学家来说，只能说是一个良好的开端。

2. 紧张而有序的生活节奏

法拉第为了在皇家学院学到更多更有用的知识，他把有限的精力全身心地投入做科学实验和搜集整理资料的工作中去了，每天晚上都排得满满的。他有一张生活作息时间表被广泛传诵。这张时间表上法拉第写上了这样一些内容：星期一、四学习，星期三参加市哲学会的活动，星期六回家看望母亲，星期二、五处理私事。其实迈克尔·法拉第的私事，常常就是他的科学工作，比如撰写论文，编辑文稿，校对文件。一位市哲学会的朋友写了一首诗，为 25 岁的法拉第画了一幅像：

可是听啊，一个声音响起在主席身旁，

这声音清澈透亮，直飞上苍；

把缪斯听得入迷，她弓身俯视：

这是哪里？谁在发表演词！

那是一位青年。他衣着整洁，为人素朴；

只消看他的眼睛，就知道他天生是个学者。

他头脑清楚，思想深刻；

博闻强记，　聪慧颖秀。

面貌温和，　内心火热，

他是欢愉的朋友，　苦恼的仇敌；

他仪态从容，　心胸坦荡得叫人折服，

永远正确，　却又永远虚怀若谷；

这就是那位青年——我们的领袖，

他的名字人人知晓——戴维爵士的左右手；

他从从容容，　向着主席点头，

手里拿着沃茨的巨著。

3. 来自戴维教授的称赞

法拉第作为戴维教授的助手应该是当之无愧的。他除了按时完成戴维教授布置和交代的任务外，有时还主动帮助戴维教授去完成其他工作任务，有时还帮戴维教授解燃眉之急，叫这位大名鼎鼎的教授感动得不知说什么好。

有一件事叫戴维教授终生难忘。那是在 1812 年，盖茨黑德郡的费岭煤矿井下发生了瓦斯爆炸，当时就死了 92 名矿工。事件发生后，英国朝野震惊了。为了防止今后再次发生类似事故，政府成立一个专门委员会重点研究矿井的防爆措施。戴维教授应邀参加了这项工作，当时他正在国外做访问学者，于是他写信给法拉第，让他先顶替一下参加专门委员会的工作。 法拉第接受任务后， 先深入矿井调查研究，然后进行反复实验， 分析出了瓦斯爆炸的原因。 后来戴维从国外回来， 与法拉第一起迅速投入防瓦斯爆炸的研究。 接着用 3 个月的时间反复实验， 找到了一种预防瓦斯爆炸的好方法： 只要在火焰外面罩上一层铜纱罩， 火焰就穿不出去。采用这种方法自然也就能解决由于矿灯的火焰而引起瓦斯气体爆炸的问题。

此刻， 戴维心中亮起了一盏明灯， 困扰多年的瓦斯爆炸终于有了解决的办法， 一种安全矿灯诞生了。 人们这样来评价戴维发明安全矿灯所起的历史作用： 它不仅拯救了无数矿工的生命， 同时还促进了英国煤矿工业的大发展。 有人竟然把戴维发明的安全矿灯和威灵顿公爵在滑铁卢大败拿破仑并列为 1815 年英国的两大胜利。

1818 年， 戴维在讨论安全矿灯的论文集里这样写道： 我本人感谢法拉第先生， 在我的实验中， 他对我作了许多有力的帮助。

应该说， 戴维的称赞是公正的， 实事求是的。 在当时，在科学家的实验中， 助手的地位是很低的， 和科学家是不能相提并论的。 戴维爵士发自肺腑地这样公开地向法拉第致谢， 已是非常慷慨和高尚的行为， 表示了一位前辈对后辈的支持和信任， 标志着法拉第已经和正在为自己今后成才奠定了坚实的基础。 就像盖高楼大厦一样， 只有把基础打好了，

才能建立巍巍的大厦……应该说，法拉第在打基础的道路上
步子是坚实的，所取得的成绩也是有目共睹的。

4. 春天是播种爱情的最好季节

　　春天是播种的时节，也是年轻人播撒爱情种子的最好季
节。在法拉第看来，爱情对他来说太昂贵了。为了得到爱
情，不仅需要花费大量的时间，同时也需要金钱做后盾。
法拉第太穷了，他拿不出那么多的钱来支付爱情的价码。
　　支付不起爱情的价码，并不意味着法拉第不需要爱情。
他有一个日记本，上面记了许多东西。有莎士比亚的警句和
英国作家、文学批评家约翰逊博士的格言，还有对化学问题
和电学的质疑。其中最精彩的部分可能要数法拉第"声讨"
爱情的那篇"檄文"了。

　　　　是什么传染病，
　　　　是什么晦气星，
　　　　给人带来了妻，
　　　　——那是爱情。
　　　　什么力量能摧毁人的坚强意志？
　　　　什么东西能欺瞒人的善言良知？
　　　　什么东西乔装打扮悄悄来？

转瞬间把聪明人变成糊涂虫，

——那是爱情。

什么力量能把友朋变成敌人？

什么东西只应允不兑现？

连最聪明的头脑也测不出它的深浅，

它来到世上只为了让人屈从？

——那是爱情。

什么东西指导疯子的犯热行动？

连笨蛋也会学他的榜样。

什么东西聪明人避讳恐惧？

可是到头来它仍旧在世上驰骋。

——那是爱情。

法拉第在数出了爱情几十条罪状后，庄严宣布：爱情啊，这里和你无缘。再见，再见，愿你飞向远方，一路平安！

从这首"声讨"爱情的檄文中，人们仿佛看到他是一个冷血儿，真的一辈子与爱情无缘了。

其实，就在法拉第写下这篇"声讨"爱情的檄文之后没有多久，爱神悄然向他走来了。

这位姑娘名叫萨拉，是法拉第学习时的好朋友爱德华的妹妹。姑娘的父亲巴拉德是一位在英国很有影响的桑德曼教会的长老之一。 因为法拉第的父亲信仰的也是桑德曼教， 以前， 两家经常利用星期天到教堂里做礼拜， 于是两家就相互认识了， 经常相互走动。

一次， 法拉第跟随父亲到教堂做礼拜， 恰巧在教堂里与前来做礼拜的萨拉打了个照面。

今天萨拉显得格外恬静。 她那苗条的身材， 高洁的额头， 水灵灵的大眼睛， 一下子把法拉第吸引住了。

萨拉姑娘看到法拉第把目光移向她， 羞涩地低下了头， 把自己满头美丽的卷发对着法拉第。 向来以观察细致而闻名的法拉第下意识地感觉到了姑娘那秀丽的脸庞已经向他绽开了灿烂的微笑， 仿佛这是专门给他看似的。 法拉第顿时升起一种异样的感觉， 他已经爱上了萨拉姑娘。 春天是播撒爱情种子的最好时节， 法拉第被爱神俘虏了。

说来也巧， 有一天， 法拉第去巴拉德家里做客， 突然温柔清丽的萨拉跑上前来， 勇气十足地对法拉第说：“法拉第先生， 听说你有一个笔记本， 里面写了很多有趣的诗， 能不能拿来给我看看？”

法拉第对这突如其来的要求并无思想准备， 他只能含含糊糊地搪塞说：“嗯， 萨拉小姐， 那个笔记本里全是胡扯， 没有什么好看的。”

“不， 不是胡扯， 法拉第先生。” 萨拉温柔地说， 话语里带有几分嘲讽，“我听说了， 你在诗里诅咒爱情， 训斥女性，我很感兴趣，我想拜读你的大作，明天请你一定把笔记本带来。"

法拉第听完萨拉的话，尽管有几分不快，但他深深地为萨拉姑娘说话幽默而感到欣慰，感到骄傲，这是一种难以用语言来表达的幸福和享受。

5. 一种与众不同的求爱方式

男女之间求爱的方式是多种多样的，但迈克尔·法拉第的求爱方式与众不同。自从在红十字街保罗胡同的教堂里与萨拉小姐打过照面以后，尤其这位敢于直言的小姐直接向迈克尔·法拉第要他写的那首"声讨"爱情的诗以后，这位曾入迷科学研究的青年人头一次碰到这样的难题。第二天，他不得不硬着头皮把自己的笔记本送给萨拉姑娘。不过迈克尔·法拉第重新写了一首诗替换了原来自己写的"声讨"爱情的檄文：

　　　　昨夜你向我索取，索取我写的诗句，

　　　　那些诗句是在骄傲的诱惑下写成的，是无知自大的产物，

　　　　那时我竟敢把麻木和冷漠赞美，

　　　　把爱情的力量和甜蜜的欢乐挖苦。

你紧紧地盯住我， 索取我写的诗句，

我不能拒绝， 虽然把我的诗句献给你， 使我感到痛苦，

我悔恨我的过错， 厌恶我的谬论，

希望将来我能转变， 用行动来改正我的错误。

这是一条高尚的原则， 我自然赞成它的实施， 这样你就会从法官变成朋友，

请你不要提出要求， 叫我列举过去的错误事实，

请你给我指示方向， 把我引上悔改的道路。

　　萨拉接过法拉第送来的笔记本， 翻来覆去地看来看去，仿佛每看一篇都能体会出其中新的含义， 尽管听别人介绍过法拉第写的 "声讨" 爱情诗， 使她产生了许多不快， 她今天却是抱着另一种心情———种了解、 理解法拉第的心情来阅读他送来的笔记本。

　　姑娘的心像一泓清水， 投下一块石头便可以激起层层涟漪。 萨拉是一个聪明伶俐的姑娘， 她从父辈嘴里了解到了有关法拉第的许多情况， 他被称为 "书虫子"， 读书都读 "傻" 了。 她理解法拉第， 一个贫寒家庭出身的年轻人，是有独特的眼光和思维方式的， 这种人往往把事业看得比生命还重要。 萨拉姑娘更笑法拉第， 笑他在爱情的大学校里还是一名小学生， 笑他用写诗的这种方式来求爱。 但是不管怎

么可笑，这位近似木讷的小伙子也开始求爱了……想到这里，萨拉姑娘会意地笑了。

别看法拉第的爱情来得晚了些，可是当他认为自己的心上人儿悄悄地向他走来的时候，他就会抓住不放，就像一切心地单纯的人那样。法拉第不懂得什么叫犹豫。1820年7月5日，他主动地给萨拉写了这样一封信：

你知道我过去的偏见，也知道我现在的想法……你了解我的弱点、虚荣心和全部思想：你使我从一条错误的路上回头，让我希望你将设法匡正我的其他错误。请不要收回你的友情，也不要因为我要求比友情更进一步而用绝交来惩罚我。如果你不能给我更多的东西，那就让我像现在这样继续做你的朋友，可是请你了解我的心情。

读完这封信，萨拉想了很久。如果说，法拉第那首请求宽恕、表示悔改的诗还仅仅是一种向自己求爱的暗示的话，那么这封信却是直言不讳了。此刻，这位妙龄姑娘怀里像揣了只兔子似的。以前也曾有许多小伙子向萨拉求过爱，有热烈的，也有拐弯抹角的，还有托人介绍的，但都没有引起她的兴趣。为什么眼下对法拉第产生了这样浓烈的好感，他的形象在她记忆的脑海里占据着重要位置。白天想他， 晚上做梦还能见到他。 真奇怪， 萨拉急忙收回记忆才明白过来， 处在热恋之中的萨拉姑娘也爱上了迈克尔·法拉第。

萨拉非常尊重自己的父亲。 她把法拉第写给她的信给父亲看， 心扑通扑通地跳着， 等待父亲表态。 父亲一口气看完了法拉第的信， 然后摘下老花镜， 盯住面孔像一朵桃花的女儿， 会意地笑了……

6. 一种特殊形式的婚礼

1821 年 5 月， 28 岁的迈克尔·法拉第被晋升为皇家学院的事务主任。 这时布兰德教授请假离任， 院方通知法拉第由他代理实验主任职务。 根据规定， 事务主任可以带家属，同时皇家学院可以分给他两间比较大的房间。

6 月 12 日， 这是一个大喜的日子， 两个桑德曼派教徒，法拉第和萨拉用一种特殊形式举行了婚礼。 婚礼前法拉第给萨拉的姐姐写了一封信：

在举行婚礼这天， 将没有忙乱、 喧闹和奔走。 从外表上看， 这一天将和其他日子一样度过， 因为我们期待和寻找的是内心的欢乐。

1821 年 6 月 12 日，的确是很平常的一天。法拉第没有邀请更多的亲朋好友来参加他的婚礼。

这天，和煦的春风摇曳着通往教堂两边的白桦树，沙沙作响，仿佛给两位新人的结合奏起了美妙的交响曲。在教堂，牧师悄悄地为法拉第和萨拉举行了婚礼仪式。随后两人去新娘家拜谢二位老人和搬嫁妆。

在两位新人刚返回自己爱的小巢的时候，实验室出了些问题，助手马上上楼来找法拉第。法拉第一听立即下楼，在实验室忙活了一下午。干完活突然想起今天是他结婚的大喜日子，立马跑上楼来，只见新娘还坐在堆得十分凌乱的家具中。夜幕降临了，法拉第点燃了专门买来的大蜡烛，招呼助手很快地收拾好了房间，摆好了家具，一个温馨的家就这样组成了。新娘看到迈克尔·法拉第忙得满头大汗，赶快递给他一条毛巾。法拉第接过毛巾抱歉地说："真对不起，亲爱的……"未等迈克尔·法拉第说完，萨拉转身走进厨房，系上围裙，准备一顿丰盛的晚餐，犒劳她的心上人儿。

婚后，法拉第没有带萨拉去度蜜月，原因是他手头还有很重要的工作等待着他去完成。在举行婚礼那天，戴维爵士特意写来了一封贺信：

　　希望你继续努力，工作顺利。在夏天做出许多成绩。 祝你婚后幸福， 相信你一定会幸福的， 我是你最真诚的朋友。

　　法拉第没有辜负他的恩人和老师的厚望， 整个夏天他都在埋头研究。 这是关于电和磁的研究。 记得在一年前， 丹麦的物理学家奥斯特发现了通电流的导线能使磁针偏转， 给电磁学带来了重大突破。 各国科学家都投入对电磁学紧张的研究之中， 法拉第也义不容辞地加入了研究的行列。

五

人类向往光明，就像久居黑暗的人向往白天一样。人类在不知道电磁为何物的时候，对它像惧怕洪水猛兽一般。法拉第发现了电磁转动。他是人类历史上第一个利用电做功的人。从此，电与磁像一对孪生兄弟，肝胆相照，义不容辞地担负起了为人类服务的历史重任。

1. 普罗米修斯的故事

古希腊人曾给后人留下了许多美丽的神话，最美的一个恐怕要数普罗米修斯的故事。传说普罗米修斯是专门为人类造福的神。有一天，他把从天上盗取的火种带到人间。因触怒了主神宙斯，主神为了惩罚他，把他锁在高加索山崖，每日遭神鹰啄食肝脏。他忍受折磨，坚毅不屈，最后被赫拉克勒斯解救。

古往今来，有多少诗人讴歌这位为人类造福的天神。人们念念不忘它把光明带到了人间。不过，美好的愿望只不过是神话罢了。随着历史的发展，人世间也出现了不少像"普罗米修斯"这样偷"天火"的科学家。富兰克林就是其中的一位。

1752年6月的一天下午，天气炎热，黑压压的乌云聚拢过来，眼看暴风雨快要来了。

这时，在北美殖民地大都市费城的大街上，发现了一个胖胖的中年人，他就是新大陆上著名的学者富兰克林。当天上刚响起第一阵闷雷的时候，富兰克林便戴上了三角帽，腋下夹着一只十字形的大风筝，急急忙忙地跨出了家门。他的儿子跟在后面，手里还拿着一个沉甸甸的大玻璃瓶。父子俩气喘吁吁地跑到城外。此时已是雷电大作，豆大的雨点也开始滴滴答答地落了下来。

他们躲进了一个四面通风的牛棚。富兰克林站在迎风一边，乘着一阵大风，他把风筝放到了天上。

十字形的大风筝，迎着风雨向上飞，它越飞越高，身影越变越小，眼看就要钻进那朵最大的乌云中去了。忽然，眼前一道亮光，接着一声巨响，富兰克林明白这是雷电发作了。只见他不慌不忙，不紧不慢，把连接风筝的麻线一直往外放。眼看麻线就要放完了，他迅速地掏出一根绸带接在麻线上，同时在绸带的后面系了一把钥匙。富兰克林紧紧地捏住绸带往后退，这样，钥匙和绸带始终没有被雨淋着。

于是铁钥匙和被雨水淋湿了的麻线及风筝构成了一个大导体，而这个大导体和地面是绝缘的。

飞上天空的风筝是用一块绸布做成的。它被缝在杉木做成的十字形框架上，顶上安装有一根长 30 厘米的粗铁丝，头上磨得尖尖的，就像前几年发明的避雷针一样。

原来，富兰克林的目的是想用风筝把天上的电引到地上来。这样的实验，他已经做过好几次了，但都没有成功。

一刹那，又是一道长长的闪电，活像一把利剑把黑色的天穹劈开了一条狭缝。没过多大一会儿，从远方传来了雷声。"成功了！"富兰克林自言自语道。原来钥匙旁边缎带上的绒毛正在微微抖动。他心里一阵高兴，不由自主地用手去摸那把钥匙。他左手的食指慢慢地向着钥匙移动，30 厘米、15 厘米、5 厘米，距离越来越近。忽然"哧"地一下，在他的手指尖与钥匙之间跳过一个小小的火花。富兰克林只觉得身上麻了一下，手立即缩了回来。他吓了一跳，可是那根手指仿佛受到了一个巨大的吸引力，又慢慢地向着钥匙移去。顿时，又"哧"地一下跳过火花。富兰克林高兴极了，这不是火花，这分明是闪电啊！他大声喊叫儿子的名字，意思是让儿子赶快过来看。

其实儿子威廉早已看到了，他也兴奋得跳起来。

不一会儿，儿子按父亲的安排，迅速拿来了大玻璃瓶。这是一个专门贮存电的莱顿瓶。瓶的内外表面都贴一层锡箔，瓶里装一点水，瓶塞上插着一根细铜棒，一直通到瓶底。这样，电荷就可以通过铜棒贮存在锡箔上。

此时，富兰克林叫儿子拿过莱顿瓶，让铜棒在铁钥匙上靠一下。然后，富兰克林用手去摸铜棒，顿觉手上麻了一下，被弹开了，显而易见，莱顿瓶已经充上了电。铜棒和里面的锡箔是一个极，外面的锡箔是另一个极。这两个电极通过富兰克林和他的儿子与大地构成了一个回路放电了。

善于思考的富兰克林在暗暗地想：这莱顿瓶上的电是从哪里来的呢？肯定是天上来的。啊！原来这天上的电并没有什么神秘。不过是带电的雷、雨、云在放电，和莱顿瓶的放电没有什么两样，不过规模更大，更有声势罢了。在富兰克林看来，"上帝"能办到的事，人类也能办得到。

2. 第一个发现电与磁有联系的物理学家

富兰克林是世界公认的大发明家。人们为了肯定他对人类的重大贡献，把他誉为是"偷天火"的人。富兰克林的"风筝实验"引起了欧洲科学界的巨大兴趣，对电学研究随之深入。然而，直到18世纪末，大家研究的主要还是静电。譬如大家熟知的摩擦生电，这种电又可以通过感应使别的物体也带上电。历史前进到18世纪末19世纪初，帕维亚大学教授伏打对于各种金属进行了大量研究。开始，他用一个小水碗，碗里盛上盐水，再把铜、铁、锡、锌……各种金属放在盐水里，就成了一个电池。据资料记载，这是世界上第一个电池，是一切现代电池的祖先。为了纪念发明它的人，电池起名伏打电池。有了这种电池，从此，人类有了电源。于是，电学从静电的领域进入流电的领域，研究电流各种效应的流电学大踏步前进了。

科学研究是无止境的，对流电学研究所取得的第一个伟大成就就是电解，具体例证是通过运用电流可以把水分解成氧气和氢气，从而弄清水的化学成分。这在当时是非常了不起的成绩。从此以后电解在工业及其他领域的应用越来越广泛。

无数科学家在对流电学的研究中发现了电流和磁有着密不可分的联系。这项成果被称为是对流电学研究所取得的第二个伟大成就。

人们会问，发现电流和磁有着密切联系的第一个人是谁呢？对于这个搁置了几百年的悬而又悬的问题，直到1820年才得以解决。第一个发现电和磁之间有联系的是丹麦的物理学家奥斯特教授。

奥斯特研究电与磁的关系是从雷雨天磁针摆动受到启发的。

1819年到1820年冬季，奥斯特教授给学生讲授电、电流和磁的关系。他的实验很简单，总共只有三样东西：一个是由许多伏打电池组成的伏打堆、一根金属导线和一根磁针。

导线沿着南北方向和磁线平行，一头接伏打堆的正极，另一头接在伏打堆的负极上。奥斯特让助手接通电流。突然，奥斯特心头一震，原来磁针在轻轻抖动几下之后转了起来。磁针立刻从南北方向转成东西方向，轻轻地晃了两下之后停住了。

此刻，奥斯特眼盯着那根东西方向的小小磁针激动不已，与其说是高兴，倒不如说是惊讶。按照奥斯特的设想，如果电流要对磁针产生影响，那么通电磁的导线和磁针必须互相垂直。恰恰相反，刚才他把导线和磁针改成平行放置，不过是在无数次失败后随便试一下，并没有希望这样会得到成功。然而奥斯特在一个意想不到的时刻，用意想不到的方式成功了。

功夫不负有心人。经过几个月的努力，奥斯特终于弄清楚了，如果电流周围放着一系列的磁针，它们就会受到作用。这种作用的结果必然使它们围绕电流沿着周围指向，整齐地排列起来。假如电流很大，电流的作用就远远超过磁的作用。可见，磁针的指向完全由电流的大小来决定。

奥斯特让电流和磁针互相垂直，磁针已经指向了应有的方向，当然就不动了。他后来改成互相平行方向，磁针才转动起来。

报道这一电流和磁的关系的文章，奥斯特是用拉丁文写成的。1820 年 7 月，这篇报告在歌本哈根付印。他马上把它寄给了世界各国的科学家。从此，一门新的学科——电磁学诞生了。

3. 站在巨人的肩上登高望远

可能是邮递不畅的缘故，戴维爵士没有看到奥斯特报告的原文，直到 10 月 1 日，他才从英国《哲学年报》上读到这篇报告的译文。当时他兴奋极了。一起床，戴维爵士匆匆忙忙赶到皇家学院，把他的学生迈克尔·法拉第叫了起来，一起做实验，验证奥斯特的新发现。

不出所料，电流确实能使磁针偏转，转成和电流保持互相垂直的状态。关于奥斯特的发现，法拉第作过这样的评价：

> 它猛然打开了一个科学领域的大门，那里过去是一片漆黑，如今充满了光明。方向已经指明，眼下全世界的科学家都在向前冲锋，目标是站在奥斯特成果的基础上——弄清楚电流和磁的相互关系。

法国科学家走在了这种研究的前面。1820 年 9 月 11 日，刚从国外归来的法兰西科学院院士阿拉哥在巴黎宣布了奥斯特的实验结果。 一个星期以后， 安培在这间大厅里表演了自己的最新发现。

安培这次新发现令人耳目一新。 他把两根导线平行架设， 然后通上同一方向的电流， 导线变弯了。 很显然， 它们之间存在着一种吸引力。 后来， 他又把一根导线的电源反接一下， 使两根平行导线中的电流方向相反， 结果导线又变弯了。 这次是相互排斥， 引力变成了斥力。

此刻， 只见安培教授把眼镜向上一推， 出神地看着大厅里的同行。 在座的同行们也以惊奇的目光看着安培和他那两根通电导线， 太叫人大开眼界了。

多少年来， 在电学和磁学的领域里， 人们只知道两种作用力——电荷之间的静电力和磁力。 可在短短的几个月的时间里， 先是奥斯特发现了电流对磁针的偏转作用， 接着安培又发现了电流和电流之间的相互作用。 真是科学发现层出不穷。

曾记得， 当安培的电流相互作用实验轰动了科学讲坛之后， 只过了一个月时间， 他的同事、 物理学家比奥和萨伐尔终于找到了奥斯特实验中使磁针偏转力的大小和方向。 这种揭示电流和由它所引起的磁场之间的相互关系， 后来被称作比奥萨伐尔定律。 至于安培实验中电流之间相互作用力的大小与方向， 这个问题是安培自己解决的， 并且对磁的起源问题提出了一套完整的理论。

1820 年，英国皇家学会会长班克斯去世了，戴维爵士继承了他的职位。他希望自己依然像 10 年前那样充满创造的活力，然而他却因过早衰老而力不从心了，完成电磁学研究的历史重任全落到了迈克尔·法拉第的肩上。

4. 他第一个发现了电磁转动

订书匠出身的迈克尔·法拉第，其实早就对电感兴趣。记得十几年前，他就在里波先生铺子里摆弄过电机、莱顿瓶，噼噼啪啪冒火花的情景依然历历在目。到了皇家学院以后，他整天忙着做化学实验，无暇顾及对电的研究了。

近年来，对电和磁的研究激起了迈克尔·法拉第的热情。在法拉第看来，什么是电？什么是电磁？它们之间究竟有些什么联系？奥斯特这样说，安培那样说，这说明对电磁学的研究进入了一个新的领域，要真正弄清这个问题，必须先理清头绪，探明方向。

迈克尔·法拉第无论干哪一项工作，都舍得下功夫。他用了好几个月的时间，把能找到的有关电与磁的研究报告仔仔细细地阅读了一遍。同时，又把别人做过的实验重新做了一次。

迈克尔·法拉第在认真阅读和反复实验中对电有了许多新

的认识和感受，他把自己的学习心得和体会收集整理成了一份报告，题目叫《电磁研究的历史概况》。毫无疑问，这为法拉第今后自己研究电磁现象打下了一个坚实的基础。

法拉第开始做实验了。只见法拉第手里拿着磁铁、磁针，站在一根已经通了电流的导线旁边，一边比画，一边寻思，怎样才能使通电后的导线旋转呢？

法拉第思考着，一时找不到答案。他决定先按照奥斯特的实验做一遍。究竟如何让通电后的导线使磁针旋转呢？法拉第手拿磁针，绕着导线转，这样，这样，这样……

法拉第仿佛悟出了一点道理，一根磁针是这样，如果导线周围有许多根磁针的话，它们就会形成一个圆，这些圆向着同一个方向。对，原来磁针是"想"绕导线转，导线当然也"想"绕磁针转。这不就是作用与反作用的关系吗？法拉第豁然开朗了，导线绕着磁针转动实际是通电导线绕着磁铁的磁极转。

法拉第想通了道理，马上动手做实验。1821 年 9 月 3 日，法拉第终于想出了一个绝妙的方法。

他在一个玻璃缸的中央立一根磁棒，磁棒底部用蜡"粘"在缸底上。缸里倒上水银，刚好露出一个磁极。然后把一根粗铜丝扎在一根软木上，并让软木浮在水银面上。导线下端通过水银接到伏打堆上的一个极上，导线上端通过一根又软又轻的铜线接在伏打堆的另一个极上。很明显，这样的结果形成了一个闭合回路，立在水银上的导线会有电流通过。可是它到底会不会转动呢？法拉第心里是没有数的。

法拉第看着自己制造的仪器，心怦怦地跳个不停。它到底会不会转呢？会转的。法拉第相信自己，他相信自己的判断力。科学是一门老老实实的学问，对它，法拉第是没有半点虚假的。

专门来看法拉第做实验的是萨拉的弟弟乔治。果然不出所料，法拉第一通电，乔治只见浮在水银上的那块软木晃动了两下，像一只小船，无声无息地缓缓起航了，那根插在软木上的导线，就像收了风帆的桅杆，微微有点倾斜，轻轻摆动着，仿佛在向法拉第招手。导线转了，通电流的导线中间的磁铁转动了！

法拉第高兴得一下子跳了起来。他兴奋得手舞足蹈，一边拍手，一边喊叫："它转了！转了！"

此刻，有谁相信，由迈克尔·法拉第制成的这套小孩儿玩具似的玩意儿——小小的水银湖，小小的收起了风帆的航船，竟是世界上第一个转动马达！

此刻，迈克尔·法拉第打开了思维大门，这不很简单吗？一根导线通上电，在磁力的作用下会转动。要是用很多电线，绕成线圈，通上很大的电流，在很强的磁场中，不就可以产生很大的动力带着机器转吗？这就是马达。

迈克尔·法拉第顿时在脑海里呈现了一幅美丽的图画：

有了马达，那些笨重的蒸汽机，高耸入云的烟囱和漫天烟雾将会退出历史舞台。全部工农业生产以及人们的丰富多彩的生活将出现新的面貌。

对于往后的生产和生活将会出现何种翻天覆地的变化，人们会怎样欢呼雀跃地去迎接工业化时代的到来，法拉第也许想到了，也许他还没有来得及去想。不过，眼前法拉第想得最多的是揭开自然界的奥秘——认识和掌握电和磁的本质。

1821 年 9 月 3 日，迈克尔·法拉第因为发明电磁转动，操劳过度，差点晕倒在实验室里。法拉第在离开实验室之前，在日记上这样写道：

　　……结果十分令人满意，但是还需要做出更灵敏的仪器。

法拉第的预言是千真万确的。电磁转动的实现，意味着人们认识和利用电的能力向前迈了一大步。

六

卡耐基这样说过：一个人的成功15%在他的能力智慧，85%全在人际关系。法拉第做出了世界上第一个"马达"之后，受到了许多不公正的待遇。然而他以虚怀若谷的胸怀，真诚相待，终于赢得了举世公认的赞誉。

1. 并非迟到的春天

迈克尔·法拉第发现电磁转动时已进入了而立之年。尽管以前法拉第有许多论文问世，但似乎与科学发现不能媲美。人到30岁才做出这样一项比较重要的发现，似乎晚了些。对迈克尔·法拉第乃至整个人类来说，这并不是迟到的春天。

时间过得真快，迈克尔·法拉第在皇家学院已经工作了8年。在过去的日子里，他一直从事的是有关化学研究的工作，所从事的一切与发现或者发明工作无缘。特别是为化学家戴维爵士当助手， 似乎这仅仅是一种陪衬而已。 眼下他有一种预感： 1821年9月3日和4日这两天所做的电磁转动的实验， 实则是一项不寻常的成果。 想到这里， 法拉第的思想又回到了实验室。 他还在想， 明天该做些什么实验？ 应该在实验日记本上补一个草图， 应该再做一项实验， 让磁铁绕着通电导线转。 他在琢磨， 既然导线能绕着磁铁旋转， 那么磁铁当然也应该能够绕着导线旋转。

迈克尔·法拉第是一个善于吸收别人研究成果同时富有创造发明精神的人， 他曾经多次总结分析过自己进行电磁转动实验的原因。 无论是奥斯特第一个发现电流对磁针有偏转作用， 还是安培发现电流与电流之间有相互作用， 一句话， 这两位大师都只表演了磁力的存在。 然而法拉第通过实验证实的是这种磁力能使通电导线不停地转动， 这不能不说是电磁学上的又一次突破。

曾记得， 戴维爵士和他的老朋友、 皇家学院的理事沃拉斯顿也曾做过这方面的实验， 但都没有成功。 而这一伟大的创举则由自己这样一个无名小卒完成了， 此时的法拉第能不兴奋吗？

善于积累资料同时又善于总结归纳的法拉第把自己在9月3日和4日成功地完成电磁转动的实验写成了一篇报告， 报道自己的实验过程及其结果。 本来法拉第想在报告里提一下沃拉斯顿的工作， 还想说明一下自己电磁转动实验与沃拉斯顿的实验的不同之处。 法拉第想带着完成的报告去见沃拉斯顿博士， 不巧， 博士外出旅游了， 戴维爵士也不在伦敦。

他们都不在， 假如不经过他们的允许， 贸然地引用他们失败的实验， 这样做是不是有些不妥。 法拉第深思熟虑了一下， 决定还是先不提沃拉斯顿的实验为好。 于是他把报告寄给了 《科学季刊》。 为了庆祝一下自己有生以来的第一个重要发现的问世， 他收拾好了行装， 带着妻子萨拉到海滨度假去了。

2. 在屈辱到来之时

秋天的伦敦， 笼罩在淡淡的薄雾之中， 给人一种凉意的感觉。

迈克尔·法拉第回到皇家学院， 照常到他的实验室去上班。 一些风言风语向他袭来， 有人说他 "剽窃了沃拉斯顿的成果"， 写了一篇论文， 发表在 《科学季刊》 上； 有人讥讽他， 真没有想到， 这样一个有作为的青年， 竟这样 "不顾脸面"。

开始， 憨厚耿直的法拉第以为是发生了什么误会， 他对议论作了如下解释： 沃拉斯顿的实验与他的实验是根本不同的， 沃拉斯顿是想叫通电导线绕着自己的轴转动， 叫自转， 结果没有办到； 而他自己则是实验让通电的导线绕着磁铁转

动， 这是公转， 成功了。 这两种实验， 不但方法、 技巧、
使用的仪器不同， 甚至连理论解释都不一样。

这么多年来， 法拉第一直兢兢业业、 踏踏实实地从事科
学研究， 从来没有遭来非议， 今天却有人不顾事实地恶意中
伤他， 他感到十分痛苦。 他的名声、 人格有一种受到怀疑
和玷污的感觉。 他不得不给自己的朋友， 并给同他一起研究
过合金钢的斯托达特写信：

> 沃拉斯顿博士回到城里以后， 请你安排我和他见一
> 面。 我需要见他， 不仅是为了向他道歉， 如果我无意
> 做了有损于他的事情， 而且是为了向他解释， 对于我的
> 怀疑是错误的。 沃拉斯顿博士的地位远远在我之上， 即
> 使他确实觉得受到了损害， 他也可能并不介意。 我不过
> 是年轻人， 没有什么名气， 我个人怎样， 对于科学事
> 业也许无足轻重。 然而在任何情况下， 假如我受到不公
> 正的怀疑， 那么由他来主持科学的公道， 帮助我解除那
> 些怀疑， 那是再恰当不过了。

斯托达特是个工业家， 也是个学者。 他研究合金钢已经
20 多年， 一直进展不大， 只是最近两三年来， 和法拉第合
作以后， 才取得了一些比较重要的成果。 斯托达特在学术界
相当有地位。 他劝法拉第解决这个问题的最好办法是， 直接

给沃拉斯顿写信。法拉第这样做了，他在给沃拉斯顿的信中写道：

> 如果我做了什么对不起人的事，那是完全无意的。指责我不诚实是没有事实根据的。先生，我冒昧请求您给我几分钟的时间，我想和您谈谈这个问题。我想和您谈，是由于这样的原因——我能为自己辩白——我对您是感激的——我对您是尊敬的。……我期望人家能消除那些毫无根据的对我的坏印象……如果我做错了什么事，我可以道歉。

沃拉斯顿是个性情温和、极富有幽默感的人，也是一个淡泊名利的人。眼下外面传说法拉第剽窃了他的研究成果，其实，沃拉斯顿不以为然。在科学界久负盛名的他对这种流言蜚语素来不大关心，可是今天法拉第写信来了，沃拉斯顿急忙拆开一看，年轻人的信写得不卑不亢。于是，沃拉斯顿给法拉第回了一封信：

> 至于人家对你的行为有什么评语，这件事情和你有关。假如你有充分的理由，能够说明你没有不正当地使用人家的建议，那么在我看来，为了这件事情伤脑筋，实在大可不必。不过，如果你愿意和我谈谈，那么明

天上午有空的话， 请在 10 点到 10 点半之间来找我， 我
将恭候。

第二天上午， 法拉第准时来到沃拉斯顿博士的办公室。
头发稀少的老博士和一头美发的法拉第谈了些什么， 他们没
有给别人谈起过。 不过， 可以推断， 他们的谈话一定很有
趣。 法拉第的诚实和真挚一定会给沃拉斯顿博士留下非常深
刻的印象。 正因为有了这次交谈， 后来， 沃拉斯顿博士和
法拉第的关系开始亲密起来。

3. 不该有的妒忌

迈克尔·法拉第 "电磁转动" 的实验成功， 完全没有
想到会引起一场纷纷扬扬的争论。 别人不理解自己， 法拉第
想得通， 但为什么连自己的老师戴维教授也不理解， 说法拉
第的 "电磁转动" 是 "剽窃了别人的成果"， 这完全出乎
他的意料。

多少年来， 法拉第对戴维教授一直抱着崇敬和感激的心
情。 在法拉第的眼里， 戴维是一个有着伟大心灵和天才头脑
的人物。 法拉第用灿烂绚丽的理想之笔把戴维教授描绘得无
比崇高伟大。 这个伟岸的形象一直陪伴着法拉第， 激励着法
拉第。 如今戴维也人云亦云跟着说法拉第的闲话， 法拉第还

真有点想在电磁学研究方面打退堂鼓。

迈克尔·法拉第也曾暗暗地下定决心，不再研究电磁学的有关问题。人家说他闯进了前辈科学家的研究园地是"侵犯了他人的权益"，那就干脆退出算了。宇宙之大，科学领域里可供选择研究的课题如此之多，何必让别人说三道四呢？但是法拉第又舍不得轻易放弃电磁学研究领域。

1821年圣诞节，一片安静祥和的气氛笼罩着皇家学院的实验室。法拉第又成功地完成了一个电磁转动的实验。不过，这次实验与9月3日和4日的实验不同，他是让通电导线在地球产生的磁场里转动。一根导线，通上电流就转动起来了。把电池的正负极调换一下，导线又反转了。9月3日和4日的实验是中间有一根磁棒，现在导线的四周是空荡荡的。这个实验太奇妙了。法拉第又一次高兴得手舞足蹈。他冲出实验室向着四楼上喊：

"萨拉，你快下来看。"

"迈克尔，我在烤鹅呢！"从四楼厨房里传出妻子甜美的声音。

"不要管鹅不鹅了，你快下来看，真有意思极了！"

"不能啊！迈克尔，鹅要烤焦的。"

法拉第双手一摊，活像泄了气的皮球，但他还是满怀希望地回到了实验室。法拉第刚坐下，正准备拿起笔来记录今天看到的实验现象时，忽然听到背后有人推门进来。法拉第转身一看， 原来是妻子萨拉。 她身上还系着白围裙。

在萨拉眼里， 毕竟还是迈克尔比烤鹅重要。 法拉第迅速地走到那张又粗又大的实验桌的旁边， 拉上电线， 只见那根斜吊着的导线， 一头浮在水银上， 已慢慢地转动起来。 萨拉看着导线在一种神奇的力量推动下转动起来， 又惊奇又高兴。 她把手在白围裙上擦了几下， 搂住迈克尔说："迈克尔， 你又成功了， 这太有趣了。"

迈克尔也戴着白围裙。 此时他和萨拉犹如饭店里的两名厨师， 相互做了个鬼脸， 同时说出了一句爱尔兰人的土话， 会意地笑了。

"瞧你，" 萨拉俏皮地说， "迈克尔， 你真像一个孩子。 我不能陪你了， 我得上楼去， 要不鹅真的烤煳了， 今天是我们的第一个圣诞节呢！"

过了几天， 沃拉斯顿到皇家学院实验室来看法拉第做实验。 老博士一面细看， 一面点头称赞。 法拉第这小伙子就是聪明。 他一眼就看出了通电导线不能自转的原因， 于是马上改做公转实验。 难怪有人夸法拉第眼光锐利， 头脑敏捷。 他用水银把通电导线浮起来。 这种办法太巧妙了。 眼下他又用地球的磁场来代替磁棒。 这个办法是凡夫俗子想不出来的， 真是既实际又大胆。 沃拉斯顿被法拉第丰富的想象力和脚踏实地、 埋头苦干的精神所感动。 从眼前的事实中， 他完全否定了法拉第是那种使用手腕 "剽窃" 他人研究成果的不肖之徒。老博士拍拍法拉第的肩膀，向他表示衷心的祝贺。法拉第说："先生，我准备立即发表一篇文章，报道通电导线在地球磁场中的转动。请允许我提到你的工作，上一次没有写那是我的疏忽。"

沃拉斯顿摇了摇头说："我看不必了。"

"不，我一定要写。"法拉第说。好多天了，他那张坚毅的脸上终于露出了欣慰的笑容。

事到如今，应该说，所谓法拉第剽窃沃拉斯顿的研究成果，这桩公案就这样消失了。它留下的阴影并没有在法拉第的心头消失，他的心灵上留下一块创伤。他又回过头去研究化学问题：合金钢、玻璃、氯气……

4. 又是一次偶然的发现

电磁转动虽然被称为法拉第的第一个重要的发现，曾轰动过欧洲科学界，但是由于一些评论毁誉参半，因此，迈克尔·法拉第的职位没有得到提升，依旧是实验室的助手，继续为皇家学院的名誉化学教授布兰德讲演时做演示实验。然而一有空儿，他还是继续选自己喜爱的题目进行研究。

法拉第生活的时代是对化学元素研究取得重大突破的时代。氯气一出现在化学舞台上，就表现得异常活跃。把一根铜丝烧红以后放到氯气里面，就会剧烈地燃烧，冒出耀眼的火花，把氯气和氢气混在一起，一点火，就会"轰"的一声，发出爆鸣。氯气这些活泼的性质引起了戴维的兴趣，更引起了法拉第的关注。

法拉第是一个十分留心观察日常生活现象的人。他根据锅盖上老是有水滴这个现象，做了一个很有趣的实验。在一个装着水银的玻璃瓶里吊了一片金箔，金箔是吊在空中的，不和水银接触。为了便于观察，他把这瓶水银放在一间暗房里。

时间一分一秒地过去，不一会儿，原来黄澄澄的金箔，现在出现了一层极薄的银灰色的薄膜，实际上这层薄膜就是水银。

瓶里的水银怎么会跑到金箔上去了呢？只有一个可能，水银一定像水一样蒸发，然后变成了水银蒸气，最后聚集到了金箔上。

既然金属能变成气体，为什么气体不能变成液体和固体呢？法拉第沿着自己的思维继续这样问自己。法拉第开始拿他那心爱的氯气做实验。最后他终于观察到，氯气通过冷却得到的固体，实际上是氯和水的化合物。干燥的氯气，即使在华氏40度也不凝固；相反，潮湿的氯气或者水的溶液在华氏40度就结晶为固体了。

法拉第继续做他的实验。

突然，实验室里进来一个客人，他就是帕里斯教授。

法拉第与客人打了个招呼，继续做他的实验。

"法拉第先生，你在做什么实验？"帕里斯教授问。

"我们过去对固态氯气加热，试管总是敞开的。今天把它密封在试管里加热，看会发生什么现象。"法拉第回答说。

帕里斯教授把身子倚在实验桌上，盯着试管看了一阵，忽然说："法拉第先生，你的试管不干净。"

法拉第听了一愣。谁都知道，法拉第在皇家学院是以洁净著称的，不管什么东西，只要经过法拉第的手，就会变得干干净净、整整齐齐了。

"试管不干净！"法拉第还是头一回听到人家这样评论他的工作。法拉第定睛一看，果然试管上端有几滴黄颜色的油斑，清清楚楚，简直叫人不敢相信。

做化学实验，必须把试管洗刷干净，这是最起码的知识。法拉第做了十几年的化学实验，从来没有忽视这一点。他不相信自己没有洗干净，他要探个究竟。

只见法拉第从水溶杯里把试管拿出来，冷却了一会儿，然后拿起一根钢锉，在试管上端的油迹处锉了两道痕。没想到他拿起锉了痕的试管在实验桌上轻轻一敲，噗地一下，试管断成了两半，冲出一股刺鼻的氯气味。法拉第和帕里斯教授急忙捂住鼻子，还是被呛得咳嗽起来。

这时候，"奇迹"发生了，原来试管壁上干干净净，根本没有什么油迹。

法拉第和帕里斯教授都惊讶了。 这 "油迹" 来得奇怪,去得更奇怪, 它到底是什么东西呢?

帕里斯教授和法拉第讨论了一会儿, 也没有得到答案。他告辞了。

法拉第还在实验室忙着, 最后终于找到了答案。 原来那"油迹" 就是液态的氯! 此刻, 他陷入了深思: 自己对氯气研究那么长时间, 现在不过改变一下它的面貌, 变成了液态, 竟然认不出来了。 不过, 法拉第最终还是认出来了,而且他还找到了密封试管里氯气会液化的原因。

液态氯和气体液化的新方法就是这样被发现的。 又是一个偶然的发现。 液态氯的发现非同一般, 氯气可以液化,同样其他气体也可以这样液化。 奥斯特的电流磁效应, 法拉第的氯气液化法, 似乎全是偶然的发现。 法国微生物学家、化学家巴斯德这样说过: "在观察的领域里, 机遇只偏爱那种有准备的头脑。" 奥斯特、 法拉第都是那种有准备的头脑的人。 在偶然发现之前, 他们都做了大量的艰苦工作, 这些发现是必然的。

5. 科学实验是需要付出代价的

时间过得真快, 转眼, 法拉第和他的老师戴维教授已相处 10 年了。 法拉第从发现 "电磁转动" 到发现液态氯和气体液化的新方法， 一下子在欧洲出了名。 巴黎的科学院已经先聘他为通信院士。 然而他在伦敦仍旧只是皇家学院实验室的一名助手。 处于他那样的地位， 只有唯命是从的份儿。 在 19 世纪的科学界有这样一个规矩： 教授吩咐就是命令， 助手的成绩应该首先归功于教授。 本来， "液态氯" 是迈克尔·法拉第发现的， 可是戴维教授在让法拉第宣读论文时， 只强调了他本人是这次研究工作的发起人。

戴维这样做并不因为他为人刻薄， 强抢功劳， 只是因为他是主帅， 法拉第是小兵。 滑铁卢战役大败拿破仑， 英国举国欢庆， 歌颂统帅威灵顿公爵的英明伟大， 谁还记得那些冲锋陷阵的士兵呢？ 对于这一点儿， 法拉第总算给予了极大的理解。 毕竟， 戴维教授是法拉第的老师、 保护人和恩人嘛！

进行科学研究成功之后， 除了经常发生 "功归何人" 的争执之外， 有时还需要付出一些代价， 甚至是对生命的考验。

自从法拉第取得气体液化的成果之后， 他对实验就像当年读书一样着了迷。 法拉第整天埋头在实验室里， 到了吃饭的时候， 他也不走出实验室。

一段时间， 经常出现这样的情况， 法拉第不上楼吃饭，妻子萨拉不得不把饭送到实验室里来："迈克尔， 吃饭了。"

　　"好，好。"法拉第嘴里答应着，身子却一动也不动。

　　萨拉看了他一会儿，轻手轻脚地把盛着饭菜的大盘子端到了法拉第的面前。盘子里面装有面包、菜和汤。萨拉把盘子放在实验桌上，说："吃吧，迈克尔，看你像个孩子，这么着迷。"

　　法拉第边吃边干，吃完后接着干。有不少科学家的发现和发明，是用鲜血做代价换来的。迈克尔·法拉第把那些绿色的、黄色的、红色的气体封在玻璃试管里加热，这不是闹着玩的事。尽管法拉第小心翼翼，但总免不了三天两头有试管爆炸。

　　就在前一个星期六的晚上，法拉第做实验时就发生了一起爆炸，再一次炸伤了法拉第的眼睛。一只他正在做实验的试管炸得非常猛烈，玻璃碎片像手枪子弹一样，穿过玻璃窗飞了出去。一个星期过去了，现在他好多了。他的视力在渐渐恢复。记得开始，他的眼里满是碎玻璃……

　　当时经医生检查，13片碎玻璃飞进了法拉第的眼睛。后来碎玻璃取出来了。眼睛缠着绷带，不能看东西。那些日子，法拉第尽管没有做实验，但他一点儿也没有停止思考。他想起了在里波先生的铺子楼上第一次做化学实验的狂喜，想起了第一次走进皇家学院讲演厅的时候的激动，同样，他也想起了与他的老师戴维教授一起做化学实验的日日夜夜。当时，戴维教授还没有当皇家学会会长，他和法拉第一起做实验。

经过 10 年的时间，法拉第已经成长为一位成熟的科学家。眼下最需要的是独立的科学研究，需要的是人家对他的尊重。

6. 人是要有一点精神的

19 世纪初的英国，民用燃料和照明已开始煤气化。那时的煤气，是用鲸鱼或者鲸鱼脂肪裂化制成的。煤气只要压缩到 30 个气压，就可以装进铁桶里，送到各家各户使用。

压缩煤气的公司在工作中发现，在煤气压缩装桶的过程中，桶底上总有一些黏稠的液体凝聚起来。1825 年 4 月，公司把这种液体的样品送到皇家学院实验室，请法拉第分析。法拉第的哥哥罗伯特已经脱离铁匠行业，正在经营压缩煤气。他和法拉第谈起了这个问题，引起了法拉第的兴趣。

法拉第接受这个任务后，采用分馏的方法，把这种液体慢慢地加热煮沸。在不同温度的条件下，得到不同成分的挥发物。这种黏稠的液体是一种很复杂的混合物。当把它加热到八十几摄氏度的时候，挥发出的气体比较单一。从这种气体凝聚而成的液体中，法拉第提炼出了一种没有颜色的透明液体。它在五六摄氏度时，凝结成美丽的白色晶体，在 80 摄氏度的时候沸腾。这是一种新的物质。法拉第运用巧妙的实验技术，测定出了这种物质的化学成分和性质。他给这种物质取了个名字叫"重碳化氢"。

这种物质当时并没有引起科学界的关注。9年以后，德国化学家米彻希利研究了这种物质的各种衍生物，并且把它取名为"苯"，后来才引起世界化学家们的重视。

1856年，18岁的英国青年化学家柏琴发现了苯胺紫染料，才开始了苯在染料、香料、医药等各个工业部门中的广泛应用。

一分耕耘，一分收获。法拉第的不少发明发现都是在许多年以后才得到应用和推广的。1825年，法拉第参加了皇家学会一个委员会的工作，开始了对光学玻璃的研究。1829年，法拉第还在皇家学会的贝克讲座上以《论光学玻璃的制造》为题作过讲演。当时在英国科学界有一条不成文的规定，只有最出色的科研成果才能到贝克讲座上宣读。应该说法拉第这次讲演是当之无愧的。如今光学玻璃的用途越来越广，但可能有很多人都不知道，它是由自学成才的法拉第发明的。有趣的是，1845年，法拉第又发现了磁致旋光效应，到了这时，他发明的光学玻璃才真正进入使用阶段。

法拉第的研究领域是极其广泛的。他对合金钢进行过深入的研究。1931年，庆祝法拉第发现电磁感应100周年的时候，一位著名的冶金学家在皇家学院的实验室里察看了当年法拉第试制的各种各样的合金钢样品。他万万没有想到，这种合金钢在那潮湿的地下室里放了 100 多年，居然还没有生锈。他经过化验分析确认，在这种合金钢里含有大量的铬。用今天的眼光来看，实际就是一种 "不锈钢"。没想到一个重要的新发明，竟然在地下室里沉睡了一个多世纪，最后终于重见天日。

法拉第在实验室里埋头苦干，研究成果一项接着一项。对于这些，作为他的老师戴维是最清楚的。尽管戴维教授在与法拉第工作过程中也有过不愉快的时候，然而他对法拉第的研究精神和科学态度以及他对自己的尊重不能不说是佩服的。1825 年 2 月，戴维提名让法拉第担任皇家学院实验室主任，这就是最好的说明。

1826 年底，戴维因劳累过度瘫痪了。第二年，他辞去了皇家学会会长的职务，到欧洲大陆去休养。这次，他的妻子没有陪他去。很遗憾，阳光灿烂的意大利、山清水秀的瑞士都没有治好戴维的病。经过两年多的辗转漂泊和病痛折磨，1829 年 5 月 29 日，戴维在日内瓦去世。据说，就在戴维住在瑞士养病的时候，他的一位好朋友去探视，问戴维一生中发现了多少化学元素，最伟大的发现是什么，戴维回答说：

"我最伟大的发现是法拉第。"

很遗憾，戴维教授去世时，年仅 50 岁，他的生命节奏如此之快。他所做过的事情别人活上 100 岁恐怕也做不完。

作为第一代致力于应用科学研究的化学家，确切地说，戴维完成了他的历史使命。

曾记得，十几年前，戴维第一次把年轻有为的法拉第招来皇家学院工作，当时法拉第这样说过，他渴望从事科学研究，是因为要追求真理。十几年一晃就过去了，法拉第正在用自己的行动履行自己的诺言。

有一位哲人这样说过，人总是要回到他第一个恋人身边。法拉第最初爱上了电，如今，他又如痴如醉地恢复了对电的研究。

七

　　一个伟人，在历史的长河中留下了串串足迹，将成为他事业和生命的象征。随着岁月的流逝，足迹转化成一座丰碑，镶嵌在后人的心灵深处。法拉第对科学的贡献，活像一座不可磨灭的丰碑，永远激励着后人向科学攀登。

1. 皇家学院就是我的家

　　说皇家学院就是法拉第的家，是名副其实的。他在这个学院已经工作了10多年，他从实验助手到被任命为实验室主任。十几年风雨，十几年含辛茹苦，经历了多少磨难，只有他自己心里最清楚。他从不抱怨。他一辈子感谢戴维教授，如果没有他的提携，自己永远是到不了皇家学院的。

　　英国皇家学院自创办以来，几乎从来没有摆脱过经济拮据的尴尬局面。法拉第，他那非凡的化学实验本领，很快被传扬出去。化学历来被称为是工业产品的 "门诊化验师"。一些在工业革命浪潮中发了财的企业家，经常拿自己生产出来的产品请法拉第分析、鉴定。有时，他们在生产中碰到了技术问题，也来请法拉第去帮助解决。

记得法拉第从事合金钢和光学玻璃的研究，就是这么开的头。工业毕竟比科学阔气得多。法拉第为企业家们从事的技术咨询和顾问工作所得报酬自然是丰厚的。但是，贫苦出身的法拉第把挣来的钱大部分都交给了皇家学院。从20年代开始，皇家学院能够支撑下去，小小的实验室助手法拉第是有功的。

1825年，法拉第升为实验室主任，但是薪水没有增加。7年以后，皇家学院一个研究怎样开支的委员会通过了一项决议：

> 本委员会的意见无疑是：法拉第先生的薪水——年薪100镑，外加供应住房、火柴和蜡烛是不可削减的。由于法拉第先生完成了各种各样的任务，而且在完成任务过程中展现出来的热情和才干，法拉第先生应该加薪。然而皇家学院的经济情况不佳，本委员会的建议难以实现。只能表示遗憾。

直到1833年，法拉第才在皇家学院获得了教授头衔，年薪也增加到了200镑。那时他已经43岁，在皇家学院整整服务了 20 年。

皇家学院薪水菲薄，法拉第倒一点儿也不在乎。 1827年，新成立的伦敦大学邀请他去担任化学教授，他谢绝了。他深深知道，他的科学事业是在皇家学院——自己的 "家"开始的，他已深深地爱上了这个家。尤其是那间偌大的地下实验室，那张粗笨的大实验桌。在它的旁边，他度过了多少紧张而欢乐的时光，度过了多少个不眠之夜。有多少回，他高兴得跳起来。还有那间铺着提花地毯的图书阅览室，三面墙壁全都是书架，书架碰到天花板，摆满了图书。爬上梯子，抽下两本，踱到高大的窗口旁边，站在阳光下打开书来浏览，有多么惬意。法拉第爱上了皇家学院，已成为他生活中不可缺少的重要内容。

2. 为了哲学的探索

法拉第是一位既有脚踏实地埋头苦干精神，同时又有远大理想和抱负的人。十几年来，尽管他一直忙忙碌碌，进行着合金钢和光学玻璃的研究，整日里有做不完的化学分析，像机器一样操作、记录、报告，弄得精疲力竭，但他没有忘记向自己的既定目标——献身科学、追求真理的方向前进。用法拉第自己的话来说就是他要在 "哲学的探索方向有所作为，有所创造"。

1831 年， 迈克尔·法拉第已进入不惑之年了。 他十分渴望自己的工作有一个转折和改变。 他暗暗琢磨： 如今， 确实到了转折的年龄了。 一个科学家 40 岁以后， 是进入发明创造的高峰期。 此刻， 他恨不得立刻开始他梦寐以求的伟大的 "哲学探索"。 如今， 他的脑海里已经有了许多新的思想萌发出来。

遗憾的是， 眼下还有许多有关化学实验分析的工作缠绕着他。 法拉第下定决心结束这类工作。 7 月 4 日， 他给皇家学会的秘书写了这样一封信：

"在目前的情况下， 我希望把玻璃研究放一放。 这样我就能有幸把我对别的问题的想法付诸实现……"

法拉第在信中提到的 "玻璃研究"， 指的是前不久， 皇家学会附设的光学玻璃改进委员会， 建议让法拉第制造一块尺寸最大的光学玻璃， 并想让他传授玻璃的制造技术， 目的是把法拉第制造出来的玻璃能够作为商品出售。

此刻， 迈克尔·法拉第的名声越来越大， 来找法拉第的工商界人士越来越多， 付给他的报酬也随之越来越高。 每年从事有关这方面的技术收入相当于他在皇家学院薪水的 10 倍。 尽管这样， 法拉第还是决定立即把它们了结。

法拉第想了结这些 "玻璃研究" 缘于他对别的问题更感兴趣。

记得， 在法拉第进入皇家学院以前， 戴维爵士曾经用牛顿的话告诫过他："科学是一个特别厉害的女主人。" 然而他宁愿侍奉这位厉害的女主人，舍弃来自各方面的金钱的诱惑。

法拉第为了献身科学，舍弃金钱得到了萨拉的赞同。这位娴静、贤良的妻子和她亲爱的丈夫一样，遵循桑德曼教派的教规，不敛聚财富。

奋斗的成果理所当然应该使法拉第夫妇的生活水平得到改善，然而，他们还依然住在皇家学院那两间屋子里过着简朴的生活。法拉第年薪 100 镑已能勉强维持他们的生活开销了。

萨拉也是一位心地善良的人，她经常把法拉第额外挣来的收入拿去帮助亲友，或者捐给慈善机构。

法拉第尝到过贫穷的滋味，他多么希望天下没有贫穷。平时他手头总有几张 5 镑的钞票，谁要是有了困难，他就给谁一张。有一些亲戚朋友，法拉第知道他们不好意思收他的钱，就暗中把钱寄去，不留姓名和地址。

法拉第渴望自己能成为一位真正的自然哲学家。他的追求目标是，发现至今还没有被人认识的自然界的奥秘。在向自然科学进军中，他用坚韧不拔的毅力和辛勤的劳动创造的欢乐是无与伦比的。

3. 电磁感应——最伟大的发现

人类很早就发现磁现象。 从天然磁铁矿石吸引铁屑的现象， 人类发现了磁力， 并开始了对磁现象的研究。 但是， 很长时间过去了， 人们并没有发现电力与磁力之间有什么联系。

1820 年， 奥斯特意外地发现， 通电导线周围的小磁针受磁力的作用。 1831 年， 法拉第又发现了磁场的变化可以在导线中感应出电流， 证实了电与磁的内在联系。

法拉第的电磁感应实验是在 1831 年的秋季， 经过多次实验才成功的。 法拉第做实验有一个习惯， 每次碰到没有解决的难题， 他都另辟蹊径， 寻找出巧妙的解决问题的方法。

那是 10 月 28 日， 法拉第来到自己被聘的皇家军事学院讲学， 他从克里斯蒂教授那里借回了本属于皇家学院的那块特别大的马蹄形磁铁， 同时还找来了黄铜轴、 铜盘和电磁针。

果然不出所料， 他找来的那块马蹄形磁铁发挥了巨大作用。 法拉第在日记中是这样记载的：

"圆铜片的轴和边缘用一只电磁针连接起来。 圆铜片旋转的时候， 电磁针的指针发生偏转。 效果非常清楚。 恒定。"

　　在这里，法拉第在"恒定"两个字下面打上了加重号，这是有特别重要的意义的。这么多天以来，法拉第苦苦求索的就是产生这种"恒定"电流。只见他慢慢地摇着手柄，圆铜片跟着转着，发出"嗖嗖"的响声，电流源源不断地流动起来了。

　　1831年9月23日，法拉第给他的老朋友写过这样一封信：

　　"我正在忙碌着研究电磁学。我想，我捞到了一样好东西，可是没有把握；或许我花费了那么多劳动，捞到的不是一条鱼，而是一团水草。"

　　法拉第在生活中是以幽默见长的，语言谦虚，诙谐。其实，他正在寻找磁生电的途径。应该说，法拉第的预言已经实现了。眼下，他捞到的确实是一条大鱼。这是一次杰出的实验，也许是19世纪最杰出、最伟大的实验之一。

　　科学界后来是这样评价法拉第在1831年秋季两个月的时间完成的电磁感应实验的：磁电和伏打电池的电流一样稳定。有了这种"磁电"不就可以把笨重的伏打电池取代了吗？从此，世界上的第一个"发电机"就这样诞生了。

　　"电磁感应"的出现，预示着从此有了发电机和变压器，给人类开发利用能源开辟了广阔的前景。有了发电机和变压器，就能从水力电站、火电厂生产出来电，而且会被源源不断地送到工厂、矿山、农村和千家万户。他给人类创造了一笔巨大的财富， 给生活在地球上的人们提供取之不尽、 用之不竭的能源。 这是一笔何等巨大的宝藏啊！ 时间过去了一个世纪， 1931 年， 世界科学界举行了具有划时代意义的发现 "电磁感应" 庆祝活动， 人们把电磁感应称为法拉第平生最伟大的发现。

4. 一部伟大巨著的诞生

任何一个人都要经过幼年、 少年、 青年、 壮年最后到老年的人生过程。 人们向往青少年时代， 因为他是人生中如花似玉的年代， 这个时期的人生像鲜花怒放， 美丽多彩， 给人蓬勃向上的追求和向往。 然而在人生的单行道上， 许多人更向往他的壮年时代， 它给人以成熟和充满着魅力的感觉。 迈克尔·法拉第的童年、 少年、 青年时代是在艰苦磨难中度过的， 但机遇总是钟爱那些辛勤劳作的人。 法拉第有过给里波先生当订书匠的经历， 有过给戴维教授当 "听差" 的苦衷， 还有过自己进行独立的科学研究发现 "电磁转动" 和 "电磁感应" 的喜悦。 他感慨自己的青少年时代为自己今后成才奠定了坚实的基础， 更珍惜自己在进入不惑之年后取得的丰硕的成果。

有人这样评价法拉第， 说他在 40 岁后才开始了真正的伟大工作。 尽管这种评价难免带有偏颇， 但事实与人们对法拉第的评价是极其吻合的。 40 岁以后， 他仍然和自己在皇家学院实验室当助手和主任时一样， 对自己过去已有的新发现还在作进一步的探索研究。

每天清晨， 他仍然早早起床， 来到实验室， 把实验时得到的数据， 变换实验条件和方法， 对电磁感应存在的普遍性等， 都认真地进行论证和分析。 除此之外， 他仍然像过去一样， 把自己的实验结果写成论文， 经常在皇家学院宣读。

法拉第的科学研究工作十分严谨和富有规律。 他的工作 "三部曲" 是做实验， 总结提高， 发表。 进行完了三部曲， 一项工作也就告一段落。

从 1831 年以后， 迈克尔·法拉第放弃了一些企业邀请他做产品化验， 析测， 放弃了可以得到一笔丰厚待遇的机会， 一门心思地投入科学研究的工作中去。 他采取的方法是， 从各个不同的方面探讨电、 磁、 光之间的联系， 以及相互之间的联系。 在认真细致地研究中， 法拉第通过观察， 发现了电、 磁、 光之间许多新的现象以及不少新的规律。

法拉第是一个善于总结归纳的科学家。 他擅长把自己在工作中对电、 磁、 光的一些新的认识和感受汇集在一起， 于是一部巨著， 一部凝聚着法拉第毕生精力的巨著问世了。 这部著作的名字叫 《电学实验研究》。

法拉第的 《电学实验研究》 收集了他从 1839 至 1855 年

有关电、磁、光的研究成果。全书共分三卷。第一卷的第一篇就是讨论电磁感应的论文。这篇论文，法拉第1831年11月24日在皇家学会宣读过，当时就引起了轰动。因此有人把这一年称为开创人类电气时代新纪元的一年。

《电学实验研究》开用通俗易懂的文字描绘复杂、深奥得叫人看不见摸不着的电磁学实验的先河。全书自始至终散发着法拉第的工作和谈话风格；内容分条叙述，语言简洁，像讲故事一样，娓娓道来。这部巨著具有很强的可读性，只要是认字的人便可以一条一条地读下去。此刻，一幅实验的图画便呈现在你的面前。任何一个对科学有兴趣的人，只要读了这部巨著，就可以从中学到知识，受到启发，产生联想，充满激情。

据资料记载，英国历史上著名的君主维多利亚女王时代的英国发明家，谁的实验桌上都少不了法拉第的《电学实验研究》这部巨著。他们认为，这部巨著是一座宝库，是法拉第留给世人最宝贵的遗产，同时又是一座丰碑，是一座由法拉第自己设计建造的留给后人永远向科学巅峰攀登的丰碑。

如果说法拉第的《电学实验研究》是一座灯塔的话，那么首先照耀的恐怕是美国青年爱迪生。爱迪生在波士顿的一个旧书摊上买到了几本残缺不全的法拉第的著作，其中一本就是《电学实验研究》。爱迪生后来发现，这一笔小钱花得值。他把这次在旧书摊上买到的法拉第的《电学实验研究》当成了自己一生中收益最大的投资。爱迪生的愿望终于实现了。通过爱迪生和像爱迪生一样的许许多多的发明家艰巨的劳动，终于把法拉第所进行的电的实验研究转化成了为人类造福的实用电器。用历史的观点，怎样褒扬法拉第的《电学实验研究》的功绩都不过分。

5. 统一和谐孕育于大自然中

迈克尔·法拉第在里波书店里当订书匠的时候，就曾经被塔特姆先生的"自然哲学"的讲演倾倒过。直到后来，他到了英国皇家学院听戴维教授的讲演，更是为自己能听到像这样博学多才富于思辨、给人感悟的报告感到愉悦。自从法拉第与戴维教授一起壮游欧洲到后来为戴维教授当助手，在皇家学院从事科学研究，他不仅以认真负责的态度完成每一项研究工作，而且常常以辩证思考的方法来对待分析自己在实验时碰到的每一个问题，从而不仅使自己成为物理学家，同时也成了自然哲学家。

大自然是千变万化的，万事万物相互联系又相互区别，处在一个不断运动着的统一体中。法拉第始终如一地坚持这样一个信念——他相信统一和谐孕育在大自然中。

自从 1831 年，他发现了电磁感应以后，他的头脑里一直在思索着这样一个问题：电能生磁，同样，电能生热、发光， 还能引起化学反应。 当然， 化学反应也能产生电。
所谓电、 磁、 光、 热以及化学反应产生电， 这实际上是一
种力在起作用。 电、 磁、 光、 热实际上是一种力作用的结
果。

随着科学的发展和能量守恒定律的发现， 法拉第所说的
这种力实际就是后来科学家所称的 "能量"。 按照现代物理
学的观点， 电、 磁、 光、 热是以一种能量的形式存在于自
然界的， 它们是不同形式的能量。 按照能量守恒定律， 这
些能量之间可以相互转化， 转化前后能量的总和保持不变。
由此可见， 法拉第是能量守恒概念的先驱者之一。

法拉第对电的统一性研究， 是下了一番大功夫。 到 1855
年， 法拉第先后 5 次研究了电的表现形式。 从伏打电池产生
的电到普通电 （摩擦起电、 大气中的电）， 从磁电、 热电
到动物电， 法拉第对它们进行了全面的考察。

一个科学的结论产生于科学研究之后。 法拉第对 5 种电
进行了全面的实验研究之后， 得出了这样一个认识： 它们都
有一定的生理效应。 具体表现为能使人的肌肉抽搐， 产生触
电一样的感觉。 它们在放电的时候， 都能产生热量， 还能
产生耀眼的火花， 它们都能产生化学效应。 在一般人看来，
只有伏打电池产生出来的伏打电， 才能使化合物电解。 法拉
第在多次反复的实验中发现用起电机产生的普通电， 用电磁
感应产生的磁电， 用动物电， 同样可以电解化合物。

法拉第通过大量的实验， 用无可辩驳的事实证明了这样一条定律： 不管电的来源如何， 它的本性全都是相同的。

法拉第的这句至理名言是他留给后人的宝贵财富。

从法拉第的辩证思维中， 给正在长知识的青年们一个深刻的启示： 不管学习、 工作、 生活， 还是从事科学研究， 要想有所作为、 有所创造， 就必须学会和掌握辩证思维的科学方法。 在向科学进军的道路上， 辩证思维的科学方法是打开科学大门的钥匙。

八

一项新的发现， 往往引发一场科技革命。 既是实验师又是自然哲学家的法拉第运用辩证思维的方法和实事求是的态度， 发现了场的理论， 实现了物理学上的又一次伟大革命。

1. 怀疑是打开一门新学科的钥匙

19 世纪初， 自然科学飞速发展。 以安培为代表的法国科学家把电磁学纳入牛顿力学的轨道， 发展了牛顿的思想， 取得了很大的成功。 这些却引起了一个英国人的怀疑， 这个英国人就是法拉第。

牛顿说， 除了粒子以外， 空间什么也没有， 没有粒子的地方是一无所有的真空。

"真是一无所有吗？" 法拉第对牛顿的说法感到怀疑。 法拉第的直觉告诉他， 空间不可能真的像牛顿所说的那样， 除了相互作用着的粒子以外， 什么东西也没有。 这个实验师出身的科学家于是开始了下面一个实验： 在一根磁棒周围撒一把铁屑， 铁屑就会描画出一条条曲线， 那是因为铁屑在磁棒周围被磁化， 变成了无数个小磁针。 它们所指示的方向就是磁棒对磁针的作用的方向， 因为各点方向不同， 所以形成像曲线一样的力线。 法拉第还给力线下了一个明确的定义： 它不仅表示磁力的方向， 还可以表示磁力的大小。 在这里， 法拉第把力线当成了实实在在的东西。

以上结论是法拉第在实验中发现的。 两个磁极之间的空间不是像牛顿所表述的那样是 "一无所有" 的真空。 两个磁极之间的空间充满了力线， 它们是实实在在的， 而且是可以被切割的线。 导线的运动如果切割了那一根根力线， 导线所形成的闭合电路中就会有感应电流出现。 切割的力线越多， 切割得越快， 感应电流就越大。

当时法拉第对牛顿的说法提出怀疑， 经过了很长一段时间才得到了物理学界的认同。 我们可以毫不夸张地这样评价法拉第： 正是因为他敢于怀疑前人提出的一些观点， 因而才有物理学上的一些新的理论的诞生。 事实证明， 提出一个新的理论比证明一个理论要难百倍。

2. 一个伟大的思想脱颖而出

1831 年， 对于法拉第来说是最难忘的一年。 他的伟大发现电磁感应问世了。 10 年的实验， 10 年的追求， 终于得以实现， 他感到极度的兴奋和惊喜。

在往后的一段时间里， 他通过对磁棒周围的空间存在着力线的观察和研究得出了这样的结论： 磁铁和电流周围的力线指示磁针的受力方向， 所以叫作磁力线。 充满磁力线的空间叫作磁场。 于是， 关于 "场" 的研究， 法拉第又正式地提了出来。

以前， 遵循牛顿的力学思想， 也曾有过 "势场" 概念出现过。 由于牛顿力学强调两个磁极之间的空间是 "一无所有" 的真空， 所以牛顿派的物理学家一般不用力线和场这些名词。

法拉第在实验中引出场的概念， 既不是寻求形象化的语言表达， 也不是借用方便的教学工具， 因为他的场概念既不是可有可无， 也不是 "一无所有" 的真空。 在法拉第的场中， 力线是实实在在的， 犹如蜘蛛网似的布满了空间， 它不仅表示力的方向、 大小， 而且就像人们生活中的真实的橡皮线、 棉线、 丝线一样， 可以变形、 运动， 可以被切断分割， 并且在切割的时候还会产生阻力。 这些力线虽然看不见， 摸不着， 但是我们可以用间接的办法证实它们的存在。你只要拿一根导线在磁场中运动， 让它切割磁力线， 这时不仅在导线所构成的闭合电路中会有感应电流产生， 而且你的手上会感到有阻力存在， 就像在水里游泳一样， 人的身体感到有阻力。 由此可见， 法拉第的力线牵涉到如此众多的丰富的物理内容， 力线所在的空间——场当然也就有必要存在了。

在对法拉第有关场的概念讨论中， 还有一点儿必须提及， 在牛顿派的物理学家那里， 一般很少提到力线和场的概念， 如果提到的话， 力线相对场源 （物质或者电荷） 是静止不动的； 而法拉第所讲的力线相对场源 （磁棒或者电流） 是可以运动的。 在法拉第的场中， 力线不是固定在场源物质上的。 如果把场源比作一只湖上的小船， 那么它的力线就像湖上的水波。 人们坐在小船上， 把桨插在水里， 用力一划， 小船就劈开湖水向前滑去。 这时水面上的波纹， 由近及远， 逐渐向远方传播开去。 在法拉第的场中， 力的传递就像水波行进那样， 具有一定的速度， 同时还需要一定的时间。

场的思想就这样诞生了。 过去， 法拉第只考虑两极之间存在磁力线和磁场， 眼下， 他开始考虑电力线和电场的问题。 如果说法拉第在解决电磁感应的时候运用力线和场的概念是迫不得已的话， 那么现在他却是用新的场的思想来处理问题。

事物都是相比较而存在。 牛顿认为空间是一无所有的真空， 法拉第却认为空间充满了场， 其中有磁力线、 电力线。如果再考虑光、 引力……场的性质就更加丰富了。 牛顿认为物质只是一种形态，那就是实物，而实物是由无数个弹性小球式的粒子组成的；法拉第却认为所谓的实物粒子就是力场的中心起点。牛顿认为空间与物质无关；法拉第关于空间，实物粒子和场的思想是极其深刻的，他把牛顿的粒子归结为场，在场的概念下把物质的多种存在形态统一起来。这些思想在 20 世纪发展起来的相对论中和量子场论中得到了充分运用。牛顿派物理学家们认为，电力和磁力具有超距作用；法拉第却认为，这些力都是以场为中介，像水波一样传递。牛顿派认为每一种力就对应着一种物质，万有引力、电力……相互无关；法拉第却认为各种力是统一的，电、磁、光、引力都相互关联，可以在场中相互作用，相互转化。

打个比方，如果把宇宙比作一场戏，那么牛顿所描绘的宇宙就是一出古代戏剧，表演是在空荡荡的广场上进行的。物质在空间运动就像演员在广场上表演，演员和广场彼此不发生关系。而法拉第所描绘的宇宙却是一出近代戏剧，表演是在有布景和有道具的舞台上进行的。物质在空间运动就像演员在舞台上表演，演员的动作要引起场景的变化，演员和舞台场景融为一体了。

用发展的眼光来看，法拉第关于场的许多观念仍处在萌芽状态，带有推断、猜测的性质，甚至还含有错误的成分。法拉第把电力线、磁力线当成实实在在的东西，这是正确的，但是他没有跳出机械论的框框，把力线当作机械的有弹性的棉线、丝线那样，这就完全错了。他没有认识到除了实物以外，还可能有场的存在。完全不必把场纳入机械式的实物的范畴。法拉第认为，力的作用是以场为中介渐进传递的，这是很正确的，然而他又把场的现象看成一种假想的连续媒质中的应力和应变的表现，这又错了。实际上，场和实物一样，也有质量、能量和动量之分，是和实物有同等地位的物质的存在形态，完全不必要把场归结为某种假想的实物的应力和应变。

以上这些不足甚至错误，在一个新理论的成长过程中是难免的，然而有一点儿却是肯定无疑的，法拉第要求改变牛顿力学所描绘的宇宙图景，这又是一场革命，而且是继牛顿力学建立之后的物理学史上的又一次革命。

3. 问题留给后人去回答

在科学发展史上，凡是能称得上伟大的新思想必须打破一种根深蒂固的传统思想的统治。法拉第关于场的思想，就是当年那为数不多的伟大的新思想的典型代表。

我们不否认，当时法拉第关于力线和场的概念还比较粗糙，他也没有来得及对它进行数学的概括和分析，自然只能进行各种感性的描绘，不能在理论上加以提高。法拉第赋予力线和场种种神奇的性质没有给予严格推导和证明，有人借此嘲笑法拉第，说力线是虚构的。

法拉第站在皇家学院马蹄形大磁铁讲台面前，拿一根导线（形成一个闭合电路）在两个磁极中间划过，就能感到阻力的存在，的确像在水中划桨一样。有人说场是虚构的，法拉第却觉得再实在不过了。在磁铁周围空间具有那么多奇妙的现象，怎么能说是"真空"的呢？场是实实在在存在的，就像眼前的桌子、脚下的土地一样实在。

由于法拉第没有正儿八经地专门攻读过数学，因此，有人嘲笑他，说他的数学修养不高。这一点法拉第自己也承认，但绝不能就这样武断地下结论：法拉第不善于用数学符号和公式来思考问题。至于人们的种种疑问和反对，有些法拉第作了解答，有的问题确实要留给后人来回答。

九

　　　　科学无止境，　新理论层出不穷。　科学
家需要两种精神：一是远见卓识，　永不自
满；　二是脚踏实地，　敢于攀登。　法拉第
就是这样一位两种精神兼得的务实求真、
善于创新的科学家。

1. 工作时间是分秒必争的

　　了解过法拉第生平事迹的中国朋友，　大都喜欢用　"闻鸡
起舞"　"只争朝夕"　这两个成语来概括他对生命时间的把握
和利用。　法拉第是在 1831 年发现电磁感应现象的，　他在皇
家学会报告了自己的发现是 1832 年 1 月 12 日，　法拉第还在皇
家学院的贝克讲座进行了报告。　从 1820 年奥斯特发现　"电
生磁"　以来，　至今已有 13 个年头了，　几乎全世界的所有的
实验都在寻找　"磁生电"　的方法和途径，　但都没有成功。
人们没有想到，　迈克尔·法拉第只用了几个月的时间就取得
了举世瞩目的成绩。　他不仅找到了　"磁生电"　的各种方法，

而且还总结出了两条电解定律，被称为法拉第电解定律。用今天的语言可以这样表述：一、电解的时候，在电极上析出的物理重量，同通过电极的电量成正比；二、如果通过的电量相同，那析出的不同物质的化学"克当量"数就相等（电解一个克当量物质的用电量叫一个"法拉第"，等于96.484库仑）。应该说，法拉第的成就，是他勤奋努力的结果。他的天才发现得到了举世公认。

俗话说"功成名就"，这话一点儿也不假。此时，牛津大学授予他名誉博士学位，皇家学会授予他科普莱奖，奖章、名誉、学位接踵而来。法拉第成为欧洲第一流的科学家。

有人说，科学家的发现在于机遇，应该是只说对了一半，无数的事实已经证明，机遇往往偏爱那种刻苦钻研、勤奋学习的人。如果说法拉第不经过20年的实践锻炼，10年的实验摸索，是很难提出有关"电磁感应"的理论的。

在法拉第看来，重视实验就是重视科学的最生动的体现。他相信实验是科学巨人的垫脚石。自从通过实验发现了"电磁感应"以后，又通过无数次实验，一个新理论——"场论"又在他头脑中产生了。他那样重视和强化实验，目的在于用实验来验证自己的理论，修正自己的理论，同时又回过头来，用修正和完善的理论来指导自己的实验。他对实验的信任程度几乎达到了如痴如醉的地步。

法拉第曾说过这样的话："一件事实，除非目睹，我决不会认为自己已经掌握。"他又这样写道："我必须使自己的研究具有真正的实验性。"

实验是科学结论之母。这位戴维教授的实验助手，他用实验证实了不同形态的电的同一性。他不仅通过实验发现了两条电解定律，打开了电化学的大门，找到了电同化学亲和力的关系，而且还研究了伏打电池，发明了测量电压的电压计……

2. 一个杜绝交际的人

进入不惑之年以后，法拉第的成果像泉水一样一个劲地往外冒，曾引起了科学界和实业家们的关注。一时间，找他的人不计其数。有的是求他帮助做化学分析的实业界人士，有的是请他帮助解决技术难题的工程技术人员，有的是专门向他来报告新发现的业余发明家。同时还有许多图纸等待着他审阅，许多产品在等待着他分析检验。对于这些活动，法拉第都婉言谢绝了。

找他的人仍然很多，法拉第实在没有办法，只好告诉皇家学院的门房，每周规定 3 天不会客，凡是来访者一律挡驾。他特意编造了"法拉第公务在身不能接见"的理由让门房向来访者转达。其实，法拉第的"公干"就是实验，不停地实验。 看过法拉第日记的人都知道， 在他的实验日记本上密密麻麻地记满了诸如 "没有反应" "不成" "不行" 的字眼。 可想而知， 在一次成功实验后面有过多少次的失败记录。

尽管法拉第杜绝接待来访的客人， 但有一个年轻人， 法拉第还是接待了。 他名叫詹金。 法拉第接待这位年轻人， 是因为他发现了一种很特别的触电和电火花， 他觉得太有价值了。

有人不理解法拉第， 说他变得骄傲了， 不愿帮助人了。 实际不是那回事。 穷苦人出身的法拉第最懂得世间的冷暖， 他从自己得到别人的帮助中懂得了帮助别人的重要。 眼下， 他暂时杜绝交往， 目的是为了把精力投入他的实验中去。

他全身心地投入他的实验室工作。 他为了更有力地证明金属导体所带的电荷集聚在表面上， 特意做了一个长、 宽、 高都是3.66米的金属架子， 上面蒙上一层铜丝网， 他让铜丝网带上高压电， 同时让它放电。 他站在里面， 脸带微笑， 安然无恙， 站在旁边看的朋友吓得胆战心惊。 他还研究了电容器， 运用场观念向牛顿的超距作用挑战。

向来重视实验和实验记录的法拉第， 此时的实验日记越来越厚， 论文一篇篇地发表。

不管怎么说， 法拉第已是人到中年了。 由于实验工作的步子太快太急， 他感到疲劳、 头晕， 因此不得不经常到外地休养。 其实与其说他休养， 不如说他是换一种形式思考问题罢了。

记得他在布赖顿海滨休养时， 他给老朋友菲利浦斯写过这样一封信： "新闻我是没有的。 因为我越来越不和社交界往来。 我要说的全部是关于我自己的事情。 近来我一直在工作赶写一篇报告， 把身体累垮了。 不过现在觉得好多了。"

在检查中， 医生说， 法拉第因用脑过度， 需要彻底休息治疗。 他发明了一种登山远走恢复大脑的健康治疗法。 每天他都坚持步行几十里路。

法拉第的工作是高效率， 治病也是高效率的。 沿途的秀美景色触动了他的灵感， 路边的花草激发了他的想象。 他信手写下了一些随笔和感想。

有一天， 到一处公墓散步， 他有感而发， 写下了下面一段话：

穷人没有钱建造雕刻的墓碑， 连油漆的木头的墓碑也买不起， 他们只能用钢笔把墓中亲人的生卒年、 月、日写在纸上， 再将纸贴在一块小木板上， 用一根木杆竖在墓前， 顶上加一个小盖， 保护着那张纸片。 这是一种多么简单的纪念。 然而大自然却在这简单的纪念上添加了她的衣冠。 在纸片下面有一条毛毛虫蛰伏着， 它经过假死蛹的阶段， 最后变成了它应有的最终状态， 飞了出去， 在这里残留了一个遗骸。 这种复活的图景， 是多么古老又是多么动人啊！

几次短暂的休养， 法拉第的身体状况逐步得到恢复， 他又开始了自己最喜欢的科学实验研究。 1841 年至 1845 年期间， 他的成果颇丰。 法拉第先后用实验证明了与质量守恒、 能量守恒定律有相同意义的电荷守恒定律。 他还采用降低温度和提高压力的方法， 完成了他 20 年前的老题目研究， 把许多新的气体转变成液体甚至固体。

在众多的实验研究中， 法拉第的真正兴趣仍然在对电的研究上。 自从 1832 年有了力线和场的概念之后， 他朝朝暮暮想的是把电、 磁、 光、 热引力、 化学亲和力……这自然界中各种各样的 "魔力" 在场概念下统一起来。

3. 他与光电再次结缘

有人戏称法拉第是 "两栖科学家"， 既是化学实验家又是电学实验家。 最初， 他在里波先生的书摊阁楼里首次摆弄的就是电光实验。 时间过得真快， 30 年过去了， 法拉第仍然不改初衷， 他再次与光电结缘， 可见他对光电情有独钟。

关于光究竟靠哪种物质作为媒介进行传播的有各种各样的说法。 物理学家假定真空中存在着一种所谓的 "以太" 物质，光波就是依靠这种 "以太" 物质来传播的。 "以太"这个名词，是古希腊人创造的。 他们认为真空中充满了 "以太"。 主张光的波动说的人，借用 "以太" 这个名词，赋予它许多奇妙的性质，在他们看来，传播光波的 "以太" 无处不在，它不仅充满宇宙空间，而且还渗入气体、玻璃等一切透明体中。光的 "以太" 必须没有质量，没有一点摩擦阻力，不能影响分子和原子运动。 这样说来 "以太" 是一种极稀薄的气体。但在实际生活中，气体和液体是不能传播横波，只有固体才能传播，可见像 "以太" 这种既是极稀薄的气体，又是固体的物质是不存在的。毫无疑问，安培等人倡导的 "以太说" 遇到了难以克服的困难。

　　法拉第从一开始就对这种 "以太说" 持怀疑态度。 在他看来，所谓真空就是场，场中充满了电力线、磁力线、引力线，靠这些力线的振动，就可能出现光的波动。

　　1854 年 8 月 13 日，法拉第再次研究光和电的关系。 他把透明的导体的电解质（比如说酸、碱、盐的水溶液）放在两个电极中间，在电极上加上一个很高的电压，然后让一束偏振光通过这种电解质。结果对偏振光没有什么影响。 实验失败了。 法拉第没有灰心，接着他又把导电的电解质改成不导电的电介质，水晶、冰洲石、玻璃、松脂……也全都失败了。 但他没有气馁，脑子里浮现出了过去的情景：30

年前，法拉第跟随戴维教授壮游欧洲意大利的时候，看到过意大利的科学家莫里契尼做的一个实验。莫里契尼把一枚钢针放在一个大凸透镜下，凸透镜对准太阳，让阳光聚集到钢针上，目的是想让阳光磁化钢针，结果实验也失败了。但是莫里契尼的思想——光和磁有关系，在年轻法拉第的心目中留下了终生难以忘怀的印象。

此刻，法拉第思索着自己和莫里契尼实验失败的原因，决定把电场改为磁场。这是试图用另一种方式证实莫里契尼的思想，同时也是法拉第自己的推断。

新的实验开始了。法拉第把一种透明物质放在磁铁的两个磁极中间，前后各放一个尼科耳棱镜，前面的做起偏振器，后面的做检偏振器。入射的光线通过起偏振器以后成为偏振光，它穿过被试验的物质，射到检偏振器上。调整起偏振器振面的相对位置，当它们垂直的时候就没有光线射出。这时法拉第接通电磁铁电源，希望磁场能使线偏振光的偏振面发生旋转，这样的话，就会有光线从检偏振器射出。但是结果让人失望，一点光线也没有射出。由此法拉第得出结论：磁场对于被试验的物质中的线偏振光没有影响。在山穷水尽的情况下，法拉第终于拿出了自己在15年前试验出来的一种含铅的折射率很大的光学玻璃做实验，终于获得了成功。

法拉第当时实验的情况是这样的：电源没有接通的时

候，检偏振器是一片漆黑；电源接通以后，出现了一线淡淡的光。法拉第此时兴奋极了。他有点不太相信自己的实验，又进行了几次实验，最后结果都是一样的。显然，磁场使这种玻璃中的线偏振光的偏振面发生了旋转。法拉第在9月13日记下了这一终生难忘的时刻：

> ……对偏振光产生了影响，这证明磁力和光彼此是有关系的。这个事实对于磁和光的研究，很可能具有巨大的价值。由此，很可能产生极丰硕的成果。

磁和光发生了联系，两种似乎毫不相关的自然现象竟是密切相关的。

这是一个划时代的新发现。法拉第在脑海里一直思索这样一个问题，自然界的各种"力"是相互联系的。这个观点终于得到证实。和以往任何一次取得发明一样，法拉第依然镇定自若继续实验研究磁场强度、磁极位置等因素对这个新发现（后来被称为"法拉第效应"）有什么影响。为了对各种物质进行实验，法拉第用铁锚做成了一个巨型电磁铁。原来没有旋光性的物体，包括一些液体，在强大的磁场作用下，也产生了旋光性。实验日记里记下了他高兴时的心情：

"这是一个出色的工作日……"

4. 一个伟大的预言

　　法拉第被称为多产发明家。 正当他准备向皇家学会作发现磁极旋光现象的报告时， 他又有了物质抗磁性的新发现， 这对法拉第来说， 真有说不出的喜悦。

　　过了知天命年龄的法拉第， 他的许多重大发现仍然接二连三， 层出不穷。 他为了让在瑞士的老朋友物理学家德拉里弗分享他的快乐， 法拉第在 54 岁的时候特意给这位物理学家写了一封长信， 汇报了自己的诸多发现。 记得 30 年前， 法拉第作为戴维爵士的听差， 背着猎枪跟在他的后面， 在山上打猎时， 是德拉里弗坚持要把他当作与戴维一样平等看待的科学家。 从此以后， 他和德拉里弗教授成了好朋友， 始终保持通信联系， 后来又和教授的儿子经常通信， 他在一封信里写道：

　　"近来我整天关在实验室里工作， 其他什么事情也不管。 事后我才知道， 你的兄弟前些日子来看过我， 被人挡驾没有让进来， 我现在仍旧忙着寻找新发现， 连吃饭的时间也没有。"

　　在这封信里， 法拉第把如何发现抗磁性的经过告诉德拉里弗。 法拉第用一根细线把自己的那种重玻璃吊在巨型电磁铁的两个磁极中间。 接通电源以后， 那块长方形重玻璃转动起来。 奇怪的是， 它并不像铁棒那样， 经过磁化， 两头指向南北磁极， 重玻璃棒好像 "厌恶" "抗拒" 磁性， 横在两个极中间。 抗磁性就这样被发现了。

法拉第从这一偶然发现中继续研究抗磁性是不是一种普遍存在的问题。 他把身边能找到的东西全部拿来做实验。 法拉第用的东西可谓应有尽有， 盐、 铅黄、 硫黄、 蜡、 木头、牛肉、 苹果、 卷成筒形的纸张、 装在试管里的液体， 他全都试验过了。 在这些物质中， 只有少数物质有顺磁性， 多数物质都具有抗磁性 （现代一般把磁介质分成顺磁质、 铁磁质和抗磁质三类）。 顺磁质和抗磁质在外磁场中呈现微弱的磁性， 前者磁化方向相同， 后者方向相反。 磁导率很大。在外磁场中重现出很强磁性的物质被称作铁磁场。 法拉第在自己的 《电学实验研究》 第 10 篇论文中， 列举了具有抗磁性的 50 种物质。 物质普遍具有抗磁性的科学结论， 再一次证实了法拉第有关自然界中各种现象都是相互有关的自然哲学命题。

法拉第的发明受到了世界科学家的关注。 他发现磁极旋光效应和抗磁现象后的第二年， 法拉第获得了伦德福奖章和皇家学会奖章。 翻开皇家学会的历史， 能把两枚最高奖章授予同一个人， 这是从来没有过的。 此时称法拉第为天才的、勤奋的物理学家， 他是当之无愧的。

1846 年， 科学界传遍了法拉第救驾英国物理学家惠斯通讲演自己新发明的电磁计时器的故事。

在当时的英国，有这样一条规矩，凡是有了新发明创造都可以申请到皇家学院讲演。按照日程，惠斯通的讲演时间到了，可他怕讲不好，临阵脱逃。当时皇家学院讲演大厅里已经坐了几百名听众在等候。

这时法拉第心急火燎，不得不顶替惠斯通讲演。说来也巧，法拉第的老朋友菲利浦斯也在场听讲演。后来他把自己对法拉第的演讲记录整理发表了，题目叫《关于光振动的想法》，后被收入《电学实验研究》第三卷中。在阅读法拉第《电学实验研究》第三卷的时候，其他篇目记录都是他在实验时实实在在观察的记录，唯独这篇《关于光振动的想法》记录的是他的一些"不成熟的想法"：

> 所以，我斗胆提出的观点是：把（光的）辐射看作一种在力线中所进行的高级振动。我们知道，物质的粒子就是靠这些力线联系在一起，物质的质量也靠它们联系。我的观点并不排除振动。我相信，只有这种振动才能解释奇异、美妙、变异多端的偏振现象。这样（光的）振动同扰动的水面上所产生的振动，同气体、液体中的波动是不一样的。因为后面这种振动是直接的，是向着或者离开作用中心的。而前者却是横向的。

法拉第这篇 "不成熟的想法" 不失为一篇伟大的预言。
有人这样评论， 后来几十年的光的电磁理论的发展方向——
"光的力线振动" 理论是由法拉第提出来的。

5. 知心朋友

法拉第在提出了诸如场、 力线、 力线的振动这些自然哲
学的命题之后， 许多有数学修养的物理学家， 一直说他是异
想天开， 因此不屑一顾。 唯独有两位年轻的数学物理学家，
一个是格拉斯哥大学的自然哲学教授威廉·汤姆生， 另一个
是麦克斯韦， 给法拉第以极大的支持。

1845 年， 21 岁的汤姆生见到了法拉第。 汤姆生十分敬
仰年过半百的实验大师法拉第， 专程来向他请教。 这是法拉
第有生以来第一次遇到的知音—— 一位认真地对待他的发现力
线的人。 法拉第和汤姆生一见面有种相见恨晚的感觉。

说来也巧， 前不久， 法拉第收到意大利物理学家阿伏伽
德罗寄来的一篇电学论文。 在这篇论文中， 阿伏伽德罗运用
了许多高深的数学理论。 法拉第由于数学不好， 看不懂，
他把论文寄给了汤姆生， 请他帮助处理。

1845 年 8 月 6 日， 汤姆生给法拉第回了一封信， 在信
中， 他不但概括论述了阿伏伽德罗的论文观点， 而且还向法

拉第汇报了自己的研究方向。在信的结尾，汤姆生谈了一些自己的想法：

> 根据力线的概念，有三个问题是值得研究的。我想，第三个从来没有研究过的问题，是关于透明电介质对偏振光的作用……

法拉第看过信后，下意识地感到，汤姆生说从来没有研究过这个问题，这是不对的。其实，在1822年，法拉第就曾研究过这个问题，遗憾的是当时没有得出结果，所以没有发表。

相隔23年以后，法拉第重新与光、电结缘，继续寻找二者之间的必然联系，不能不说是受了汤姆生的启发。不同的是，法拉第获得了成功，发现了磁极旋光效应和抗磁性现象。

年轻有为的汤姆生数学基础较好，后来他发表了《瞬变电流》论文，指出了莱顿瓶放电的性质之后，又发表了几篇电磁问题的论文。应该说汤姆生找到了自己的正确的研究方向和道路，从而完成了创建电磁场理论的大业。然而，这位10岁进大学、22岁当教授的科学家，因为爱好太多，终究没有成为电磁场研究的专家。

在科学史上，用数学语言表述法拉第的物理思想，建立完整的电磁场理论的光荣任务，自然地落到了数学家麦克斯韦肩上。

6. 实验巨匠与数学高手的联盟

人们还清楚地记得，法拉第是在 1831 年发现电磁感应的。说来也真凑巧，就在这一年的英国，苏格兰首府爱丁堡出了一个与法拉第身世完全不同的婴儿，他就是后来的数学家麦克斯韦。他的父亲是当地有名的律师，名下还有产业，他的兴趣却在对科学技术的研究上。平日里，麦克斯韦的父亲喜欢设计机器，并擅长修建高楼大厦。他很爱自己的儿子，在麦克斯韦长到 3 岁的时候，他脚下穿的皮鞋都是父亲专门为他设计制作的。

麦克斯韦从小就受到父亲的熏陶，在读小学的时候就养成了爱科学、爱提问、爱动手实验的好习惯。在麦克斯韦刚满 10 岁的时候，他就跟着父亲到爱丁堡皇家学院听科学讲座。

麦克斯韦在上学的时候就已经崭露头角，以出色的才华赢得了老师和同学的赞许。一次，学校里举行诗歌和数学竞赛，他一个人就夺得了两项冠军。15 岁的时候，麦克斯韦的数学论文发表在《爱丁堡皇家学会会刊》上。第二年，这位才华出众的 "神童" 跨进了爱丁堡大学，3 年以后以优异成绩转到剑桥大学，麦克斯韦在这所历史悠久、英才荟萃的大学里获得了奖学金。从此，他专攻数学。1854 年，23 岁的麦克斯韦有机会参加了数学学位考试，终于如愿以偿，以甲等数学第二名的优异成绩取得了毕业证书。

数学从它产生以来，一直存在两种截然不同的观点：一派以公元前 6 世纪希腊数学家、哲学家、"勾股定理"的发明者为代表的抽象派，他们认为数学高于一切，决定一切；一派以解析几何的创始人笛卡尔为代表，他们把数学当成研究客观世界的工具来看待，主张运用数学原理来研究物理和天文现象。麦克斯韦在剑桥大学的导师属于后一学派的，加上从小与父亲生活在一起，耳濡目染，尤其注重对实际问题的研究，他重点研究了运用数学理论来解决物理学、天文学及工程技术中碰到的一些问题。

麦克斯韦最先研究的是光的色彩理论，不久，他在图书馆里读到了法拉第的《电学实验研究》，用充满力线的场取代牛顿的真空理论，用力在场中以波的形式和有限速度传播取代牛顿的超距作用。这些不同凡响的大胆见解激活了麦克斯韦的丰富的想象力。

1856 年 2 月 11 日，麦克斯韦在剑桥大学宣读了他写的第一篇论文《论法拉第的力线》。他开宗明义，第一句话这样写道："关于电的科学，目前的状况对于思考特别不利。"后来，麦克斯韦对为什么在论文里开宗明义第一句话作了注释，他并不企图在自己没有做过什么实验的领域里建立物理学理论，他不过是想利用法拉第的力线思想，把法拉第所发现的种种迥然不同的现象彼此之间的内在联系清楚地展现在数学家和物理学家面前。

麦克斯韦与法拉第联盟找到了结合部。麦克斯韦主要从以下两个方面做起：一是在弄清物理概念之后，建立一个物理模型以便类比和借鉴；二是用数学工具绘出精确的数量关系。比如，麦克斯韦把法拉第充满力线的场比作一种假想的流场。采用这样的模型，既有利于想象和思考，又可以借用流体力学的所有的成果。在这种思想的指导下，法拉第对电流周围的磁力线所做的物理描述被麦克斯韦概括为一个矢量微分方程。从此以后，法拉第的物理直觉能力和麦克斯韦的数学分析技巧开始融为一体。

法拉第在读了麦克斯韦的《论法拉第的力线》之后，他给自己认识的所有年轻人写信，告诉他们一个好消息，他以能找到像麦克斯韦这样的知音而感到高兴。

法拉第比麦克斯韦年长 40 岁，两个人的家庭出身，所受的教育完全不同。一个来自社会的最底层，一个出身高贵；一个连小学都没有毕业，一个是名牌大学的高才生。然而他们又各有特点，相互吸引：法拉第讲话娓娓道来，引人入胜；麦克斯韦快人快语，才思敏捷。一个善于运用直觉，把握物理现象的本质设计巧妙的实验，观察、记录、归纳，被人称为"实验巨匠"；一个擅长建立物理模型，运用数学技巧，演绎、分析提高，被人称为"数学高手"。他们两个的结合，对于攻克目标，建立一个全新的、不从属于牛顿自然哲学的体系电磁学理论产生了不可估量的影响。

经过法拉第、麦克斯韦的努力探索，又经历德国青年物理学家赫兹的研究证实，又经过实验到理论，再到力线的过程，最后形成了场论，这大概是场论走过的一条发展道路。

有趣的是，赫兹不仅通过实验验证了电磁波的存在，同时还测试了电磁波的波长，并算出了它的传播速度，刚好是每秒30万公里，和光的速度一模一样，同时又和麦克斯韦的预言一样。从此，赫兹宣布，场论诞生了，胜利了。

但是，场论的历史并没有结束。场论的思想是20世纪物理学发展的主导思想之一。世界著名的大科学家爱因斯坦把创立场论的法拉第与麦克斯韦称作一对犹如创立经典力学的伽利略和牛顿一样，他们的伟大是无与伦比的。

1931年，麦克斯韦诞生100周年，同时也是法拉第发现电磁感应开始酝酿力线和场的思想100周年。在那一年，爱因斯坦写下了这样的话：

> 我相信，从法拉第的电磁场概念中，后世仍旧可以学到许多东西，一点也不比前人学习的少。这是对历史

的盖棺论定，这个定论是最公正同时又是最具有权威
的……

十

　　有一位哲人说得好： 平平淡淡才是真， 真真实实才是善。 法拉第就是这样一位平淡中见伟大、 真实中显才华的科学家。 因此， 人们永远记住了他的名字。

1. 平淡是他追求的生活信条

　　用 "淡泊明志， 宁静致远" 这句中国名言来概括法拉第的一生再恰当不过了。 虽然他在物理学、 电磁学、 化学等方面有那么多的新发现， 取得了如此多的成就， 本可以过上待遇从优的物质生活， 然而由于他拒绝那些有丰厚报酬的商业性技术研究， 所以他的物质生活仍然是清贫的。

　　眼看法拉第的生活水平每况愈下， 几个朋友在 1835 年联名写信给英国首相罗伯特·皮尔爵士， 建议政府给这位英国很有名气的物理学家颁发特别年金。 首相看了建议后说： "我相信， 在活着的人当中， 没有一个人比法拉第先生更有资格得到政府的关照。"

对首相罗伯特·皮尔爵士的评说，法拉第并没有激动，因为这位穷苦出身的科学家清贫惯了，他从来没有把接受年金当成自己的奢望，所以就很少有这种"非分"的想法。朋友们劝他直接找首相汇报，法拉第决然不这样做。萨拉相信自己的父亲老银匠巴拉德能说服他，因为他和岳父同叫一个名字。不仅如此，巴拉德老人一直是法拉第最崇敬和信赖的人。

一天，翁婿之间进行了一次很有意义的交谈。"迈克尔，萨拉对我说，你不愿接受政府年金，有这事吗？"岳父说。

"是的，我不想接受。"法拉第直截了当地回答。

"那你认为政府出钱资助科学事业、奖励科学家是错误的啰！"

"不，应该这样做。"

"那么错误在科学家，他们不该接受政府的津贴。"

"不。政府发钱给他们，他们收下了，他们也没错。"

"亲爱的迈克尔，"岳父笑着说，"出钱的没有错，拿钱的也没有错。人家都拿了，只有你不肯拿，那你错了。"

"我也没有错，父亲。"迈克尔有点儿不好意思地说，"我没有为人家服务，就不能拿别人的钱。"

"迈克尔，你搞科学难道不是为人服务？你的科学为全英国人服务， 英国政府给你颁发津贴， 那是理所当然的。 照我看， 世界各国政府都应该给你发年金才对， 因为你的科学是为全世界服务的。"

老银匠的话把法拉第逗得笑了起来。

圣延节前夕， 政府宣布授予法拉第教授 300 镑年金， 用来表扬他对英国科学事业的贡献。

一向为人正直的法拉第始终坚持这样的道德标准， 拿别人的钱， 就得给别人干活。 当时， 法拉第担任的是海军部的顾问， 同时还是英国专门管理灯塔、 海港等事务的海务局的顾问。 内政部、 林业部经常来向他请教建造大英博物馆阅览室遇到的技术问题， 煤矿发生了爆炸， 也来请他寻求解决的具体办法。 这些问题， 法拉第总是竭尽全力， 想方设法解决。 但有一类事情他是坚决不做的， 那就是出庭做证， 为法官断案提供科学依据。 在生活中， 法拉第不愿成为新闻人物， 被人评头论足， 说三道四。

法拉第在接受政府颁发的年金不久， 杂志上登出了他的大幅照片， 捕风捉影地说他已经被授予了爵士称号， 并以"未来的贵族迈克尔·法拉第爵士" 为题作了一番生动的介绍。 说他喜欢抽雪茄烟， 乐意在宴会上和朋友一起领略第三瓶酒下肚的滋味。

这种介绍是无中生有的， 法拉第根本不会抽烟， 第三瓶酒下肚的滋味纯粹是胡编乱造。

在这些报道中，有一条是真的，文章称官方想封法拉第为爵士，倒真有其事。无论从贡献还是名望来说，封法拉第为爵士是再恰当不过了。官方经常派人来了解法拉第的生活，每次都被法拉第婉言谢绝："我出身平民，我不想成为贵族。"

1857 年，英国皇家学会会长罗斯特利勋爵辞职，皇家学会学术委员会一致认为，请德高望重的法拉第教授出任会长，实在是再好不过了。学术委员会派前任会长和法拉第的同事丁铎尔来做说服工作，劝法拉第担任只有英国科学家才能享受的最高荣誉皇家学会会长职务。

法拉第有一个习惯，对自己遇到的每一件重大事情，都要经过反复思考，才能做出最后的答复。

第二天一大早，丁铎尔来到了法拉第家。过去，丁铎尔每次见法拉第都是面带笑容，喜不自胜，然而今天却面带焦急的神情，几次欲言又止。

善于观察的法拉第看出了丁铎尔的心思，赶忙问是什么原因。他这位年轻时的朋友毫不隐晦地说："法拉第教授，经过认真考虑后，你该决断了吧！我认为你担任皇家学会会长是最合适的，这是你义不容辞的责任。"

法拉第早就料到丁铎尔会说这样的话："感谢你！丁铎尔。"法拉第表现出十分沉稳的样子，"领导皇家学会可不是一件轻松的事。我心直口快，不会随声附和别人的看法和意见。皇家学会会长的职位我胜任不了啊！"

丁铎尔坦诚地说出了自己的看法："论你的学识、成就和为人，在当今科学界是少有的。你是当今世界上最伟大的物理学家、化学家，由你出任皇家学会会长，将提高皇家学会和英国科学界的威信。"

不管丁铎尔如何劝说，法拉第始终没有答应："丁铎尔，我是一个普通的人，到死，我还是一个普普通通的迈克尔·法拉第。请你相信我的话，如果我接受皇家学会会长的职位，恐怕我很难保证我诚实正直地做人，甚至连一年也保证不了。"

几年过后，皇家学会会长诺森伯兰公爵去世，学会理事的朋友们力荐法拉第出任皇家学会会长，然而法拉第再次谢绝了。

在科学史上，法拉第不追求名誉而追求成功，一直被传为佳话。

2. 甜蜜的爱情生活

曾记得，法拉第当年写诗"声讨"过爱情，然而他和萨拉结合以后，对爱情的态度特别专一，并注意从萨拉与自己的爱情生活中吸取智慧和力量。

法拉第尽管没有受过系统的正规教育，但由于他的勤奋和天才，他取得的科学成就是巨大的。他在发现了电磁感应、电解定律、磁极旋光效应之后，荣誉接踵而来，国内外的知名大学和科研机构纷纷给他颁发荣誉证书、奖章和学位。他统统把这些东西放进了一个盒子里。打开这个盒子，里面有一张他自己写的"证书"十分引人注目：

"在这些成绩记录和重要事件当中，我仅记下一件事情，作为荣誉和幸福的源泉，这件事情的重要性超过其他事情，我们是在 1821 年 6 月 12 日结婚的。"这段话朴实无华，但它反映了法拉第对自己与萨拉爱情生活的深厚感情基础。

两年之后，已近古稀的法拉第又在他的自传摘要中用第三人称这样写道：1821 年 6 月 12 日，他结婚了。对于他来说，世俗生活的幸福和健康的思想状态，这件事情比任何其他事情都更有益。这婚姻的结合到如今已有 28 年了，除了结合的深度和力量，它丝毫没有改变。萨拉时时处处关心法拉第，她既是妻子，更是法拉第事业成功的助手。他们相濡以沫，相敬如宾，白头偕老，为后人赞颂。法拉第的朋友的妻子劝说自己的丈夫，学习法拉第对待萨拉的态度，并把法拉第写给萨拉的信拿回去让自己的丈夫学习参考。还记得，第一个为法拉第写传记的丁铎尔写过这样一段话：在他和他的妻子关系中，他在情爱之上又加上了骑士精神。我相信，世上从未有过更壮丽、更纯洁、更持久的爱情。他们的爱情像一颗燃烧的金刚石，持续不断地放射出白炽的无烟的火光达46年之久。

法拉第和萨拉的爱情也有美中不足的地方，他们没有孩子。法拉第是一个宽宏大量的人，他们把萨拉的外甥女玛格丽特·雷德收为养女。每次法拉第工作累了的时候，他就和萨拉一起带着玛格丽特到外面散步。

法拉第最爱去的地方是动物园，他最留恋的地方是猴山。每当那顽皮的猴子做出种种逗人发笑的怪相，在猴山周围看热闹的天真烂漫的孩子就会发出咯咯的笑声。此刻，玛格丽特笑得最快乐，萨拉笑得最开心，法拉第笑得更开心。

3. 行善者常乐

在当时的上流社会，参加各式各样的舞会宴会及形形色色的游乐社交是上流社会推崇的时尚。然而法拉第很不习惯这些交往和应酬。他喜欢一种恬静的生活方式。工作之余，休息的时候，去看看轻歌剧、马戏和滑稽戏，或者星期天带着全家到桑德曼教会那个简陋的小教堂里去做礼拜。

法拉第在教会里是一个很有名望的人。他遵照基督教平等博爱的精神，常常和会友们聚在一起，坐在硬板凳上虔诚地祈祷。

可能有人会问，法拉第是科学家，他追求的是科学真理，为什么他信基督教呢?

法拉第自己作过这样的回答："我虽然笃信宗教，但我不迷信。"在当时，英国经常有人玩弄招魂之类的鬼把戏。这些人逢人便说，他们能把桌子附着了神灵并让它当场转起来。还说相距千里的两人，他们能相互进行心灵交流。还有的人说得更是神乎其神，述说招魂专家能借助电的力量，把屋子里的家具能全部动员起来参加舞蹈，以此来镇服群众。这些人邀请法拉第参加召唤神灵的表演，法拉第当场看出了破绽。其实，那些所谓的灵学家连电都不会使用，他们要了一个花招，憋足气，使出全身力气，让隆起的肌肉支撑着桌子旋转。

为此，法拉第在 1855 年 6 月 30 日《泰晤士报》上发表了一封长信，戳穿了灵学家们骗人的鬼话。

法拉第的心始终像一泓平静的湖水，透明清亮。他一生中除了追求科学真理外，同时还追求多做善事和好事。为此，他经常把上流社会送来的请柬和戏票放到一边，跑到穷苦教友家里探望。

有时，他看到一些教友家里一贫如洗，面色苍白的孩子光着脚丫在街上奔跑时，法拉第仿佛又回到了自己的童年时代。

如果有时间的话，法拉第就和这些穷人围坐在一起，一块喝一杯用廉价的茶叶煮出来的浓茶，倾听他们对穷困的诉说。 这一切对法拉第真是太熟悉了， 说着说着引起了他的共鸣， 不一会儿同情的泪水就在眼眶里激动起来。

穷教友以及他们的孩子对法拉第产生了感情， 经常不让他离开。 法拉第又不得不离开这些穷朋友， 因为他要去进行科学研究。 无论怎么忙， 法拉第对这些穷朋友有一件事没有忘， 每次告辞前都要给一点钱。 如果经过再三说服， 主人不肯收下的话， 那么在过了几天之后， 主人就会收到一张没有留下地址和姓名的汇款单。 不用问， 这汇款肯定是法拉第寄出的。

4. 桃李满天下

皇家学院作为英国享有盛名的学府， 它以开设各种专题讲演报告而驰名。 在皇家学院， 讲演分成三大类， 其中一类均安排在每天的下午进行， 请一些知名专家， 比较系统地讲授一些通俗的科学课程。 法拉第作为常住在院内的教授， 作过很多次这样的讲演。 每次讲演， 场场爆满。 一位听过他讲演的人向他请教： "进行通俗讲演的人怎样才能获得成功？"

法拉第幽默地回答说： "看菜吃饭， 量体裁衣。 来听通俗讲演的人， 你要假定他一点知识都没有。" 接着法拉第举出这样一个例子， 他曾劝一个年轻的讲演者： "如果你对听众说，要是我松开手，这块石头将掉在地上，那么就请松开你的手，让石头掉下来。"应该说，通俗、生动，这是法拉第通俗讲演取得成功的主要原因。

在欧洲各国，每一周，他们特别看重星期五这一天。因此，在皇家学院，还有一种叫作"星期五晚间讨论会"的讲演形式，这是 1825 年由法拉第教授任实验室主任后发起举办的不拘形式的科学集会。这种讨论会，内容鲜活，形式多样。凡是皇家学院的人可以带家属子女参加，院外的学者和热心科学的人士也可以到这里来交流心得体会。主讲人有时是皇家学院的学者，有时是院外或者是国外的科学家。他们往往选择自己最喜欢的专题作讲演。有时他们报告自己的新发现、新发明，有时也谈一些不成熟的想法和推断。有的甚至介绍一些某一学院的新发展动态。报告没有时间限制，可长可短。一般在报告结束后开展各抒己见的座谈讨论。

法拉第不仅发起并创办了"星期五晚间讨论会"，而且是这个讨论会的热心的组织者和参加者。从 1825 年发起到 1862 年法拉第退休，他一共主讲了 100 多次。他讲课涉及的内容应有尽有：有他的主攻专业，物理学和化学；还有他在度假旅行时见到的动物、植物，以及种种自然现象。除给听众介绍过电、磁、力线等内容以外，还给听讲者介绍过电动织丝机、人工制造红宝石、煤矿通风、悬浮在液体或者气体中的微粒所做的永不停止的无规则运动、镜子生产中玻璃镀银、灯塔中使用电池作光源等问题，深受听众的欢迎。

好多亲戚朋友知道法拉第很忙，平时不便打搅，都等到星期五晚上来听他讲演，顺便也来看望他。每次只要有亲戚来听他讲演，法拉第都坚持做到在讲演和讨论结束之后，把亲戚朋友邀请到楼上休息一会儿，此时萨拉已为来客准备好了茶点。

法拉第喜欢孩子，于是从1862年开始，法拉第在皇家学院专门开设了一种"圣诞节少年科学讲座"。每年的圣诞节休假期间，他专门为少年听众举办一系列科学讲座。他一共讲了19年，法拉第著名的科普读物《蜡烛的故事》就是根据他1860年的讲演稿整理出版的，这本书被翻译成了许多国家文字。

法拉第举办的"圣诞节少年科学讲座"，真是为孩子们准备的一个欢乐的集会。每到这一天，孩子们由父母们带领早早地来到讲演大厅。孩子们多的时候，大厅里被挤得水泄不通，有时连过道里都站满了人。

每一次，法拉第都是准时地出现在孩子们中间。每当他出现在讲坛上的时候，总是响起长时间的掌声和欢呼声，他的每次讲课都能引起孩子们的极大兴趣。

法拉第讲课的最大特点是，边讲边做表演，情景交融，使人耳目一新。一次，他讲演的题目是电磁铁。开始，孩子们以为他的磁铁不过是吸掉在地上的铁钉罢了，不大引起注意。法拉第没有简单这样做，相反，他作了如下演示：开始，他在没有磁性的软铁上用铜丝绕上线圈，通上强大的电流，然后给孩子们提了这样一个问题：这个电磁铁磁性强得惊人。孩子们开始不信。

只见法拉第开始了表演。他慢慢地弯下腰，拿起脚下的一个铁桶，连同铁桶里的煤块一起挨近电磁铁。忽然"当"的一声，铁桶被吸在了电磁铁上，吸在那里一动也不动。电磁铁下面吊着一桶煤，样子像个大吊车似的，逗得孩子们哈哈大笑起来。

法拉第像个魔术师似的，"当""当"几下把捅火棒、火钳、煤铲一股脑儿扔到电磁铁上，它们都像被胶水牢牢地粘到上面似的，一动也不动。孩子们被逗乐了，法拉第也笑了。法拉第就这样年复一年跟着孩子们一起度过了欢乐的时光，孩子们在欢声笑语中长大成人，而法拉第在欢声笑语中变成了白发老翁……

5. 出色的演说家

尽管法拉第在读小学的时候，因为受伦敦土话的影响，口齿显得不十分流利，但经过多年艰苦锻炼，他的讲演才能和他进行科学研究的才干一样，得到了充分的发挥。

法拉第的心眼是一个比针鼻儿还要小的人。1813年，也就是法拉第刚到皇家学院的时候，虽然当时他不可能走上讲台讲演，但他通过听戴维教授的讲演，就开始了对讲演的技巧进行认真的研究。他给他的朋友艾博特写过4封信，专门探讨讲演的收获体会，其中有这样一段话：

> 如果我不适于做讲演，很显然，这证明我还需要学习。通过观察别人的讲演可以学习，但是怎样才能做得好呢？假如我们根本不去作判断，那我们永远也不可能学会进行正确的判断。学会使用我们的智力，比让他无所事事地闲待着好多了。

法拉第第一次讲演是在1816年，也就是他进皇家学院3年之后，听众是哲学会的一些朋友。为了争取一炮打响，他把自己要讲的内容一字一句地全写了下来。法拉第第一次讲演获得了成功。以后他在市哲学会里讲了许多年，深得朋友们的好评。

1824年，对法拉第来说，是最值得纪念的日子，他终于第一次登上了皇家学院的马蹄形的大讲台，这是他盼望已久的。其实，经过给市哲学会的朋友们讲演，他已经积累了丰富的讲演经验。具体表现在，他已经学会了巧妙地使用自己的声音、手势和笑容去感染听众，更学会了根据自己的讲演题目去组织材料，遣词造句。法拉第每讲演一次，都注意总结存在的不足，以期在下一次讲演中克服。法拉第标准身材，长得匀称，两眼总是显得炯炯有神，卷曲的头发从中间分开，给人一种干练精明的印象。他每次讲演之前都十分注意打扮自己，穿一身黑色礼服，配上白衬衫，打上黑领结，往大厅讲台一站，让来听讲演的同志肃然起敬。每当那浑厚动听的男低音在大厅里响起时，他那看起来严肃的面孔，实则隐藏着丰富鲜明的个性特色，就一目了然地展现在听众面前了。法拉第的讲演虽然不像他的老师戴维教授那样侃侃而谈，高屋建瓴，但是比他鲜明、生动，更富有感染力。有人这样评价，戴维如行云流水，法拉第含蓄深刻，他们两人的讲演像吸铁石一样，具有同等吸引力。

法拉第的讲演在当时是出了名的。他不仅在皇家学院讲演，而且还应邀到伦敦学院讲演电学实验的操作原理与实践。与此同时，他根据讲稿编写的《化学操作》在1827年出版。在当时这本书风行欧美，连续地出版过两次，仍然供不应求。出版商正要准备第四次出版的时候，法拉第拒绝了。后来，法拉第是这样解释的：化学实验操作的技术日新月异，以前讲过或做过的实验难免过时。假如再出版的话，一定要根据变化了的新规程进行修改。遗憾的是，法拉第因为太忙，最终没有完成对《化学操作》的修改任务。 今天再去读这本化学实验指导书, 感觉它仍然没有过时。

他探讨的问题常常是人与大自然之间的对话。 在这方面, 法拉第虽然没有形成自己的学派, 也没有培养出继承自己科学事业的学生, 但是他通过讲演所传播的科学知识, 已经像春天播下的一粒粒种子, 早已在英国乃至整个欧洲开花结果了。

6. 是金子, 会永远闪光

法拉第平易近人, 待人谦和, 他的人格也常常被人引为楷模。 他不仅属于英国, 而且还属于全世界。 1855 年 12 月 25 日, 维多利亚女王的丈夫阿尔伯特亲王带着他的两个儿子来到皇家学院, 他们是专诚来听法拉第的圣诞节讲演的。

今天, 法拉第依然和往日一样平静。 他没有刻意去修饰打扮自己。 如果说多了一点的话, 那就是严肃的脸上多了几丝笑容, 原因在于今天台下坐的是一位女王的丈夫和他的两个儿子。

法拉第今天讲演的题目是 《金属》。 43 年前, 戴维曾经讲过这个题目, 也是在这个大厅里, 就站在法拉第现在所站的地方。 不过, 那时法拉第是以一个订书匠学徒的身份来听戴维讲课的。 他像一个渴望知识甘霖的学生, 全神贯注地记着、听着。今天法拉第讲演，自然会情不自禁地回忆起已经逝去的一切。法拉第讲演善于以情感人。3 位王族成员也被感动了，他们起立，鼓掌，对法拉第的讲演表示崇敬之情。14 岁的王子给法拉第写来了一封信：

迈克尔·法拉第先生：

你的讲演极其有趣，我听了很有收获，谨向你表示感谢，我完全知道这几次讲演的内容十分重要。我希望遵循你对他们的教导，在走出讲堂以后继续学习。我在开始学习化学的时候，能够得到你这样杰出的学者帮助，十分荣幸。我向你保证，我将怀着极其愉快的心情，永远珍惜这一宝贵的回忆。

阿尔伯特·爱德华谨上

谁也没想到这位青年王子对化学产生了如此浓厚的兴趣。3 年以后，他来到爱丁堡大学读书，选择的专业是化学。看来，这位青年对化学如此情有独钟，不能不说是受了法拉第通俗科学讲座的影响和感染。

青年王子阿尔伯特·爱德华从到英国皇家学院听法拉第的讲演之后，法拉第的名字像吸铁石一样深深地吸引着他。他了解法拉第贫寒的家庭处境，也了解他的科学成就。他钦佩法拉第天生倔强，不图虚名，不愿意被封为爵士的选择，也了解他甘作人梯、求真务实、注重实验研究的严谨治学态度。他还了解到法拉第至今依然居住在皇家学院的楼上，急需改善生活环境和条件。这位亲王琢磨着如何通过自己的努力来帮助法拉第改变自己的生存空间。一次，阿尔伯特亲王专门向女王建议，鉴于法拉第对科学的重大贡献，一定要给一幢房子作为对他的人格和科学成就的褒奖。女王听了欣然同意，立刻下令，把伦敦高级住宅区的一栋里里外外装修一新的房子拨给法拉第，准许他终身享用。法拉第开始是谢绝，后来执拗不过，一直拖到1858年，才和萨拉搬进了漂亮的新居。照理讲，清贫了一辈子的法拉第可以在这里安享晚年了，可他没有这样做，他胸中装的是科学和事业，许多实验还在等待着他去做。在皇家学院，还有许多他最忠实的听众期盼着他走上那马蹄形的讲台。

40多年以前，法拉第在市哲学会作讲演的时候，说过这样一段话，至今读起来记忆犹新，令人回味无穷：

> 自然哲学家应该是这样一种人：他愿意倾听每一种意见，却下定决心自己做出判断。他应当不被表面现象所迷惑，不对某一假设有偏爱，不属于任何学派，在学术上不盲从大师。他应该重事不重人。追求真理应该是他的主要目标。如果有了这些品质，再加上勤勉，那么他确实可以有希望走进自然哲学的官殿。

40 多年过去了， 法拉第一直遵循着自己的诺言， 沿着既定目标前进。 他是物理学家、 化学家， 然而他最喜欢别人称呼他 "自然哲学家"。 他明白， 自己之所以能在实验中形成那么多的正确认识， 获得如此多的重大发现， 都是自己头脑里闪现的自然哲学思想支配的结果。 他一生追求的目标， 除了归纳总结科学发现之外， 同时还要从大量的实验数据中归纳总结出鲜活的指导人们实践的自然哲学命题。 今天， 我们可以毫不夸张地评价法拉第， 他的 "双重目的" 都已经达到了。

7. 人们永远记住了他的名字

法拉第说， 他是铁匠的儿子， 不管是成名前还是成名后， 自己永远是铁匠的儿子。 他憨厚、 诚实， 也许是从小就受过苦难的原因。 他从不言苦， 也从未言愁。 在法拉第刚刚懂事的时候， 他曾为当报童而欢欣鼓舞过， 那份童真的喜悦至今还留在自己的脑海里。 如今法拉第已经 68 岁了， 他对当报童的孩子有一种别样亲切的感觉。 每当法拉第从街上走过， 只要看到有卖报的孩子， 都要停下脚步买上几份报纸， 借机搭讪几句， 对他们说几句安慰和祝福的话。

法拉第在里波先生的书行里当过订书匠， 他的手艺是远

近闻名的。 如今， 他用自己那双饱经风霜的实验巨手， 把
40 多年以来的实验日记全部装订成册， 赠送给皇家学院。

　　法拉第是戴维的学生。 虽然后来因为实验结果的署名问
题与老师发生过不快， 但戴维教授自己曾坦诚地说过， 法拉
第是他发现的。 法拉第非常珍视他为戴维教授当助手朝夕相
处的那份情感。 他曾经在日记中这样写过， 要是没有戴维教
授发现自己， 他永远只能像一块矿石， 被埋藏在深山老林。
因此， 法拉第把戴维教授亲笔写的实验记录珍藏得好好的。
有几次， 一些人当着他的面说戴维教授的短处， 他总是劝说
他们不要背后议论他人。 法拉第记住的是戴维教授的许多优
点和长处。 他提议在戴维的家乡为自己的老师建一座纪念
碑， 并且捐了大量的钱。 对他的这一义举， 戴维家乡的父
老乡亲无不为之感动。

　　进入老年之后， 法拉第常常想起自己的童年时代， 想得
最多的还是他的学徒生涯。 他办事认真， 手脚麻利， 在里
波先生的书行里当学徒时， 从经济方面和信任程度上得到了
一般学徒想得到而终究没有得到的待遇。 令人难忘的学徒生
涯对法拉第来说， 是他今后成才的萌芽期。 他从里波先生笑
容可掬的圆脸上看到了一个前辈对晚辈的希望。 法拉第想到
了自己饱受穷苦的父母。 父亲含辛茹苦才把他们姊妹养大成
人， 还没有享受到子女的回报， 就过早地离开了人世。 母
亲虽然看到了自己的成功， 但在 1835 年也去世了。 法拉第

又想到他的哥哥罗伯特。　当年法拉第正为想去听塔特姆先生自然哲学讲演而犯愁时，　是哥哥罗伯特解囊相助，　才终于满足了他的渴望。

　　最令法拉第敬佩的是哥哥罗伯特的人格。　法拉第出名以后，　哥哥罗伯特经常到皇家学院去听他的讲演。　有一次，　坐在罗伯特后面的两位先生数落法拉第穷酸，　说他当过学徒，　给人擦过皮鞋。　罗伯特一听火冒三丈，　转过头去，　直问刚才评论法拉第的那位先生：　"你见过法拉第给你擦过皮鞋吗？"　罗伯特义正词严的反问，　把对方吓得赶紧否认。　这位法拉第的保护神，　不幸在 1846 年死于车祸。　当时法拉第正在实验室里做实验，　噩耗传来，　法拉第痛不欲生。

　　进入暮年之后，　法拉第不仅继续给皇家学院做实验、讲演，　还要为海务局工作，　到英国各地的海岸去视察灯塔的工作情况。　博物馆还专门邀请他去商量如何保存最珍贵的绘画资料，　环境部门出来邀请法拉第，　请他去商量清除环境对英国人热爱的泰晤士河污染的对策……法拉第年轻时，　找他的人很多；　他老了，　求他帮助的人更多。　遗憾的是，　几十年忘我的工作，　损伤了法拉第的身体。

　　1861 年 10 月，　法拉第给皇家学院理事会写过一封请求辞职的信：

　　　　我怀着最深厚的情意给你们写信，　在皇家学院 49 年的时间里，我除了一段比较短的时间随戴维爵士在欧洲大陆上旅行以外，我一直和你们在一起。

……我的生活是幸福的，它正是我希望的那样，在我生活的日日夜夜，我力图报答皇家学院，并且通过这个途径为科学做出贡献。

我请求你们决定，并且请你们告诉我，你们是否同意我辞去皇家学院成员的职务。

皇家学院的理事们同意了法拉第的请求，但是希望他保留实验室主任和院务主任的职位。法拉第终因体力不支，不得不在1865年辞去了皇家学院的全部职务，还辞去了海务局的顾问职务。

法拉第的生活一直是很幸福的，他的最忠实的妻子一直陪伴着他。然而法拉第却放心不下，他没有给心爱的妻子留下多少财产，还担心将来没有人照顾她。

1867年8月25日，法拉第像往常一样，坐在女王赠给他的房子里的椅子上，睡着了，他再也没有醒来。

法拉第去世后，有许多人主张把他安葬在威斯敏斯特教堂内，和伟大的科学家牛顿安葬在一起，但是法拉第的妻子萨拉坚决反对，她说："迈克尔·法拉第在去世时留下遗言，他死后不举行盛大的葬礼。原因是他生前是一个普通人，死后仍然是一个普通人。"

法拉第被安葬在海格特公墓。出席葬礼的只有法拉第的几位亲人。法拉第的葬礼是普通的，墓碑上镌刻着"迈克尔·法拉第"六个大字。

从 1791 年 9 月 22 日法拉第降生人世间开始，到 1867 年 8 月 25 日走完他生命的最后历程，整整 76 个春秋。

法拉第生命历程的 76 个春秋，在人类历史的长河中，只是短暂的一瞬，然而它给人类的贡献却像泰晤士河一样奔腾不息。

法拉第，安息吧！人们将永远记住你的名字……